BRUNO GAREL

# DEVIENS L'AUTEUR.E DE TA VIE

## 11 ÉTAPES POUR TROUVER SA VOIE GRÂCE AU POUVOIR DE L'ÉCRITURE

Harmonie SOLAR

# DEVIENS L'AUTEUR.E DE TA VIE

*À D.P. Strozecki qui m'a ouvert la voie de l'écriture.*

# SOMMAIRE

# INTRODUCTION

« Dans l'écriture la main parle ;
et dans la lecture, les yeux entendent les paroles. »

(**Eugène Géruzez,** *Mélanges et pensées*)

« Le héros est celui ou celle qui donne sa vie
pour quelque chose de plus grand que lui. »

(**Joseph Campbell,** *La Puissance du mythe*)

## Le pouvoir de l'écriture

L'écriture est un fabuleux pouvoir, le pouvoir de donner une réalité matérielle visible à ses pensées et ses paroles en les prolongeant dans le temps et dans l'espace. Grâce au pouvoir de l'écriture, on évoque sa vie, ses joies, ses peines, on transmet ses humeurs, ses états d'âme, ses émotions sur un support que l'on peut conserver pour soi, ses proches ou ses lecteurs. L'écriture aide à se dévoiler, à se libérer. Cette fonction libératrice a été prouvée scientifiquement par un professeur de l'Université du Texas, James W. Pennebake, l'un des initiateurs de l'écriture-thérapie. Après avoir demandé à deux groupes d'étudiants d'écrire pendant 20 minutes, trois jours durant, il a constaté que le premier groupe, qui avait pour consigne d'écrire sur une expérience traumatique, avait vu son système immunitaire renforcé et son bien-être physique boosté, contrairement au second groupe censé n'écrire que des banalités. L'écriture a donc un caractère thérapeutique : celui de pouvoir guérir les maux par les mots. Pourquoi l'écriture-thérapie marche-t-elle ? Parce que tout se passe dans le cerveau. Le centre de l'écriture se situe dans une très petite partie du lobe frontal, qui permet de faire passer une information de l'abstrait au concret, uniquement lorsque l'on trace des mots sur le papier. Selon les recherches, l'écriture activerait d'autres aires du cerveau que le langage.

Elle permet donc de mieux se libérer de ses émotions, déleste de ses fardeaux, en débarrassant le cerveau des pensées négatives qui l'encombrent. Elle permet de surmonter plus facilement les chocs et les traumatismes du passé, installe la paix avec soi et avec les autres. L'écriture permet aussi de s'exprimer plus librement, de révéler son intimité, de sortir sa rage, sa colère, parce qu'on est seul face à soi-même ou plutôt face à sa feuille blanche qui ne juge jamais ce qui est écrit. Il est souvent plus facile d'écrire des mots que de les prononcer. L'écriture-thérapie mène à une véritable évolution et ouvre la voie du changement. En se libérant de son anxiété, en prenant du recul – ce qu'impose la feuille blanche – pour repartir du bon pied, celui qui pratique l'écriture-thérapie modifie son regard sur le monde, s'ouvre petit à petit au changement et trace une voie d'évolution. Écrire rend plus créatif et plus heureux et a un impact positif sur tous les aspects de la vie.

## Le pouvoir de la lecture

Avec la lecture, on accède à un autre pouvoir, celui de l'imagination. Aujourd'hui, les neurosciences apportent un nouvel éclairage sur l'impact de la lecture sur le cerveau, et plus particulièrement de la fiction. Pour vivre des expériences uniques, on comprendra vite l'importance de la lecture dans sa vie. On savait déjà qu'elle activait des régions du cerveau comme l'aire de Broca et de Wernicke – les deux principales zones du cerveau hominidé, responsables du traitement du langage – lors d'une simple interprétation des mots écrits. Mais de récentes découvertes scientifiques permettent d'affirmer qu'elle active également les zones du cerveau relatives à une expérience réelle. Oui, une expérience RÉELLE ! Lorsqu'on dévore un bon roman, c'est comme si on VIVAIT littéralement ce que les personnages du récit éprouvent : leurs émotions, leurs sentiments, leurs mouvements... Durant la lecture, on est plongé dans une autre vie et on ressent de véritables sensations. Dans le cadre d'une étude scientifique consacrée à l'impact de la lecture sur le cerveau, des chercheurs ont demandé à un groupe d'étudiants de lire des mots évoquant une odeur, et d'autres mots plus neutres, tandis que leur cerveau était passé à l'imagerie par résonance magnétique. Lorsque les sujets ont lu les mots *parfum* ou *café*, leur cortex olfactif primaire s'est allumé. Aux mots *chaise* ou *clé*, le cortex n'a pas réagi. La même étude scientifique a également relevé que lire des métaphores avait aussi un impact. Lors de la lecture de la phrase *Le chanteur avait une voix de velours*, ce cortex s'activait, tandis qu'avec *Le chanteur avait une belle voix*, il ne s'activait pas. Lorsqu'un texte est suffisamment évocateur, le cerveau ne fait aucune différence entre la réalité et la fiction. Comme l'affirme le professeur Keith Oatley de l'Université de Toronto : « La lecture produit une simulation vivante de la réalité. »

Grâce à la lecture, on vit donc la vie des autres ou celle de personnages de fiction. Si on lit *Madame Bovary*, on se met dans la peau d'Emma Bovary, comme Flaubert s'y est mis. Il existe autant d'Emma Bovary qu'il existe de lecteurs qui ont lu son histoire. Le roman est sans doute le meilleur moyen de comprendre la psychologie et les émotions humaines. La lecture de fictions favorise l'empathie et possède d'immenses vertus. Elle permet, comme on l'a vu, de vivre une expérience en activant les mêmes zones du cerveau que lorsqu'on vit vraiment cette expérience.

## Écrire sa vie comme un roman

Imaginons à présent l'infini pouvoir créateur qui est à notre portée lorsque l'on associe les vertus de l'écriture à celles de la lecture... C'est l'objet de cet ouvrage, inspiré des travaux et des réflexions sur l'art-thérapie. Le principe ? Écrire sa vie telle qu'on l'imagine, en se glissant dans la peau d'un héros de roman, en racontant jour après jour sa propre histoire comme une aventure, et en projetant de nouvelles aventures à venir – celles que l'on souhaite vivre. Puis lire et relire son histoire permet à la magie de la création d'opérer. Comme le cerveau ne fait aucune différence entre la fiction et la réalité, les intentions de l'auteur couchées sur le papier peuvent prendre corps et se réaliser !

Ce livre est une invitation à devenir l'auteur de son destin, trouver sa voie par le chemin de l'écriture et se lancer dans cette merveilleuse aventure qu'est la magie de l'écriture…

## Trouver sa voie par le chemin de l'écriture avec le voyage du héros

Dans les années 1940, Joseph Campbell, un universitaire américain, a réalisé un fascinant travail sur les mythes de différentes cultures et sociétés à travers le monde. Dans son essai *Le Héros aux mille et un visages*, il expose sa théorie du « monomythe » en assurant que tous les mythes suivent le même schéma archétypal qu'il nomme « le voyage du héros ». Le voyage du héros est une métaphore évoquant un parcours initiatique que tout être humain peut vivre. De nombreux scénaristes et romanciers, George Lucas, J. K. Rowling, pour ne citer que les plus populaires, y ont largement puisé leur inspiration. Si l'écriture de scénario diffère quelque peu de celle du roman, les ressorts principaux restent les mêmes.

La méthode proposée par *Deviens l'auteur.e de ta vie* s'appuie sur le schéma narratif, les 17 étapes du voyage du héros de Joseph Campbell étant ramenées à 11. Le lecteur est invité à écrire sur sa vie et à se raconter en suivant ces 11 étapes qui jalonnent la vie de tout héros ordinaire lancé dans une fabuleuse et périlleuse quête initiatique. 11 étapes comme autant de passages obligés de son évolution personnelle, pour découvrir qui l'on est et ce que l'on veut :

**1. Le monde ordinaire du héros :**
se présenter dans sa vie de tous les jours.

**2. L'appel de l'aventure :**
envisager un changement dans sa vie.

**3. Le refus de l'appel :**
sortir ou pas de sa zone de confort.

**4. Rencontre avec le mentor :**
s'appuyer sur une personne inspirante.

**5. Le premier seuil de l'aventure :**
se lancer dans un projet de vie.

**6. Les épreuves, rencontre des alliés et des ennemis :**
mobiliser ses ressources intérieures et extérieures face à l'adversité.

**7. Accès à la caverne ou la traversée des illusions :**
lâcher ses schémas du passé.

**8. L'épreuve ultime :**
s'engager dans sa nouvelle vie.

**9. Acquisition de l'objet de la quête :**
réaliser son projet.

**10. Le chemin du retour vers le monde ordinaire :**
confirmer le changement au quotidien.

**11. Renaissance et début d'une nouvelle vie :**
utiliser et transmettre son expérience.

En se laissant guider jour après jour dans ce parcours d'écriture, le lecteur apprendra non seulement à structurer son récit intérieur, mais également à mieux se connaître pour découvrir ce héros qui sommeille en lui et ne demande qu'à réaliser sa mission de vie.

## De héros à la vie ordinaire au héros à la vie extraordinaire

Une fois qu'un héros *ordinaire* a franchi ses jeunes années d'enfance et d'adolescence et qu'il a atteint l'âge adulte, il commence à réfléchir un peu sur sa vie. Celle-ci peut parfois sembler être dotée d'une intrigue, comme si elle avait été écrite par un romancier. Des événements qui ont paru accidentels ou anodins à une certaine époque semblent, après coup, avoir joué un rôle déterminant dans l'écriture de son destin. Mais qui a écrit l'intrigue ? Ses parents ? Ses frères ? Ses sœurs ? Ses professeurs ? Ses voisins ? Son boss ? La société ? Qui ? À l'instar de ses rêves, la vie d'un héros ordinaire est dirigée par ce que j'appellerais « la volonté inconsciente ordinaire ». Il a été le rêveur de sa vie qu'il a menée jusqu'à présent sans en avoir conscience, vie qu'il s'est créée sans même s'en rendre compte. Même s'il a cherché autant que possible la paix et le bonheur pour sa vie, il n'a peut-être pas toujours été conscient que son éducation et la culture dans laquelle il a grandi ont déterminé, façonné sa volonté inconsciente ordinaire.

En se lançant dans cette aventure qu'est l'écriture, et en parcourant chacune des étapes du voyage du héros, jour après jour, comme un héros ordinaire, le lecteur apprendra à mieux se connaître pour devenir un créateur conscient, c'est-à-dire à la fois l'auteur de sa vie et un héros éternel à la vie extraordinaire.

## 77 exercices pour écrire et vivre sa vie comme un héros

Armé d'un carnet et d'un stylo, le lecteur devra, pour franchir chaque étape, réaliser 7 exercices d'écriture et composer ainsi un épisode du récit de son chemin de vie. Selon le type d'exercice proposé, je lui indiquerai quand il devra utiliser le pronom « je » ou « il/elle », le présent ou le passé pour rédiger les épisodes de sa vie. Pour ma part, comme je le fais dans mes ateliers d'écriture, je m'adresserai à lui en utilisant le tutoiement afin d'établir une plus grande proximité et complicité au cours des exercices.

Chaque exercice se déroule en trois temps :

- **Une réflexion** – philosophique, psychologique, mythologique, linguistique… – qui questionne son rapport à soi, à sa vie, ses choix, etc. ;
- **Une intention**, dite « héroïque », qui résume l'objectif de l'exercice ;
- **Une action**, qui constitue l'atelier d'écriture du jour à partir de la réflexion déployée.

Tous les soirs, avant de se coucher, le lecteur devra parcourir dans l'ordre chaque exercice pour s'y préparer mais n'y répondre par écrit que le lendemain matin avant de vaquer à ses occupations de la journée. L'intention héroïque devra être récitée tout haut, trois fois de suite avant de s'endormir, pour qu'elle entre en communication avec son âme durant le sommeil. Au bout d'une semaine, à la fin de chaque étape, une fois qu'il aura rédigé les 7 exercices proposés, il relira (toujours le soir avant de se coucher) tout ce qu'il aura écrit à la main avant de se lancer dans l'étape suivante.

## L'espace d'écriture : un rituel du matin

Attention, il est essentiel d'écrire à la main car l'écriture est un mouvement, et rien n'échappe à l'écriture manuscrite. Elle agit comme le bain d'argent de la photographie, imprimant la lumière intérieure de chacun. Véritable machine à raconter le temps, l'écriture manuscrite fait ressurgir plus facilement le passé, enregistre le présent, imagine le futur. Aucun mot manuscrit n'est innocent. L'écriture manuscrite est un sismographe du sujet qui écrit. L'impulsion vient du cortex et coule dans les muscles. Les influx du cerveau et la coordination des membres composent une gestuelle qui laisse place aux émotions. La main se fait l'ambassadrice du cœur. À la citation de Saint-Exupéry « On ne voit bien qu'avec le cœur », j'ajouterais « On n'écrit bien qu'avec le cœur ». L'auteur du *Petit Prince* ayant rédigé au stylo-plume l'intégralité de son conte intemporel me pardonnera cette liberté. J'invite donc le lecteur-auteur à laisser son ordinateur de côté, à se procurer à la place un grand carnet qui l'inspire et à choisir son meilleur stylo.

Il ne lui reste qu'à trouver son espace d'écriture. Quand je parle d'espace d'écriture, je parle du lieu réservé à son exercice d'écriture manuscrite. Pour devenir l'auteur.e de sa vie, il/elle devra choisir où il/elle écrira. J. K. Rowling avait rendez-vous avec Harry Potter chaque matin dans un Coffee Shop d'Édimbourg ; Marcel Proust, lui, ne décollait pas de son lit pour se mettre *À la recherche du temps perdu*. Le lecteur est libre d'écrire comme il le veut – debout, assis, couché – et où il le veut – chez lui, dehors, au parc ou au café du coin. La seule chose que je lui demanderai d'observer, c'est d'écrire de préférence le matin, durant au moins 20 minutes. Je suggère donc que le brossage des dents du matin lui rappelle sa séance d'écriture quotidienne. Il devra écrire chaque matin durant 11 semaines, en suivant jour après jour, dans l'ordre chronologique, les 77 exercices de *Deviens l'auteur.e de ta vie*. L'écriture deviendra ainsi non seulement une bonne habitude, un rituel, mais aussi une hygiène de vie. Et c'est parfait, parce que l'écriture, comme je l'ai dit plus haut, est un mouvement, et c'est l'écriture qui mettra en mouvement ce héros qui sommeille en chacun et qui, pour l'instant, rêve toujours sa vie…

Bon voyage !

# ÉTAPE 1. LE MONDE ORDINAIRE DU HÉROS

La première étape du voyage du héros commence toujours par la description du monde ordinaire de ce dernier et comment il fait de son mieux pour être fonctionnel dans la société et avec son entourage. C'est un stade qui précède une prise de conscience et prépare le héros à un voyage initiatique intérieur qui transformera son existence ordinaire.

En écrivant sur toi comme si tu étais le héros d'une histoire, les exercices de l'étape 1 du voyage du héros vont te permettre de faire le point sur son ton identité et tes origines. Tu ouvriras les yeux sur ta routine quotidienne et ta zone de confort. Le fait de prendre conscience de tes habitudes et de cerner tes zones d'ombre te préparera à un changement à venir dans ta vie, à moins que tu n'inities celui-ci.

## **Réflexion :** L'origine de ton nom

Dans son essai *Totem et Tabou*, Freud écrit que le nom d'un être humain est une composante essentielle de sa personne. Que tu t'accroches à ton patronyme ou que tu souhaites t'en défaire, ta relation au nom de famille dont tu as hérité n'est jamais anodine. Lorsque tu es venu au monde, tes parents t'ont choisi un ou plusieurs prénoms. Ce(s) prénom(s) et nom qui figurent sur ton extrait de naissance, à force de les entendre, sont devenus une part de ton identité, identité transmise par tes parents et tes ancêtres, avec laquelle tu traverseras ta vie. Mais ta vie ne se résume pas à ce nom et ce prénom que tu n'as pas choisis…

Pour la majorité d'entre nous, les parents sont avant tout les gardiens de notre enfance et de notre adolescence, périodes de vie que Joseph Campbell appelle « la terre de la non-indépendance ». Non-indépendance qui commence dès ta naissance avec ce nom et prénom que tu n'as pas choisis. Ce n'est que parvenu à l'âge de l'adolescence que tu commences alors à rêver de terres nouvelles, d'autres horizons plus autonomes, parfois même d'une autre identité…

**Intention héroïque :**

« Je regarde d'où je viens
pour savoir où je vais. »

## **Action :** Fiche d'identité du héros

Je propose, pour cette première étape, que tu te présentes en déclinant ton identité – tes nom et prénom que tu n'as pas choisis, ton âge, ton lieu de naissance. Comme ***tu es* le héros de ton histoire**, écris à la **3e personne du singulier** et **au présent**. Utilise *il/elle* pour parler de toi. La 3e personne permet non seulement de prendre du recul, mais également de créer un espace de réflexion entre ta plume et toi.

Que pense donc ton héros (toi) du prénom qu'il n'a pas choisi ? Sait-il pourquoi ses parents l'ont nommé ainsi ? A-t-il hérité de celui d'un grand-père ou d'une grand-mère ? D'un personnage de série télé ? D'un chanteur de variétés ? D'un écrivain célèbre ? D'un petit frère mort-né ? Derrière ce prénom se cache certainement une histoire. Quelle est cette histoire ? Ton héros aime-t-il son prénom ? Le déteste-t-il ? Pourquoi ? S'il avait pu choisir, lequel aurait-il pris ? Connaît-il l'origine et la signification de son patronyme ? En est-il fier ? S'en moque-t-il ?

Dans la langue des oiseaux, qui consiste à donner un autre sens aux mots ou aux phrases par le jeu de la sonorité, qu'entends-tu dans le prénom de ton héros ? Par exemple, dans le prénom *Richard*, tu peux entendre « art riche ». Les sons de ton patronyme te chuchotent-ils aussi un indice ? Te soufflent-ils quelques renseignements sur les origines de ton héros ?

Le héros de mon histoire s'appelle ........................

Il est né le........................ à ............................................

L'origine de son prénom ............................................

Ce qu'il m'évoque ............................................

ÉTAPE 1. EXERCICE 2

## **Réflexion :** Tes secrets mis en lumière

Toute écriture est un secret. Écrire, c'est savoir se taire, mais aussi parler en silence. Les paroles brusquement muettes deviennent brusquement visibles. Écrire, c'est la possibilité de dire sans être entendu. Toute vérité n'est peut-être pas bonne à dire mais toujours bonne à écrire, à confier à une mémoire extérieure qui ne fait pas de bruit, comme ton carnet dans lequel tes mots endormis se réveilleront aussitôt que tu les reliras. Ils t'apparaîtront alors sous un jour nouveau et avec une nouvelle compréhension.

Durant notre séjour sur la terre de non-indépendance, nous avons parfois ressenti les mystères ou les non-dits du passé familial. La psychogénéalogie, méthode psychanalytique consistant à rechercher les zones d'ombre dans le vécu des ascendants d'un individu, nous enseigne que les traumatismes et les secrets de nos aïeux peuvent avoir une influence sur notre présent et être à l'origine de nos troubles psychologiques, nos faiblesses physiques, voire nos maladies. Écrire les zones d'ombre de son propre passé ainsi que le passé familial, c'est un premier pas pour les mettre en lumière et s'en libérer.

**Intention héroïque :**
« Je cerne les zones d'ombre
de mon passé familial, de mon enfance
et de mon adolescence. »

## **Action :** Les secrets du héros

Pour cet exercice, demande à ton héros (toi) de livrer un secret sur lui-même, un secret qu'il garde depuis des années. Quel est ce secret ? Un petit secret de son enfance ? De son adolescence dont il n'est pas fier ? L'a-t-il confié déjà à quelqu'un ? Ton héros a-t-il découvert une zone d'ombre en étudiant de près le prénom qu'il n'a pas choisi ? Son prénom ou un autre revient-il sans cesse dans la lignée familiale ? As-tu remarqué quelque chose d'étrange dans son arbre généalogique ? Une date de naissance ou de décès récurrente, par exemple ? A-t-on confié à ton héros un secret de famille ? Un ancêtre a-t-il subi un traumatisme ? A-t-il commis une faute ? Mal agi ? Ce secret est-il resté secret ? Ton héros a-t-il un problème de cet ordre ? Ou bien n'en a-t-il rien à faire de ces histoires de fantômes du passé familial ?

N'aies pas peur de lui faire dire la vérité, rien que la vérité, toute la vérité. Personne n'entendra ses paroles, sauf toi.

Mon héros a un secret qui est............................................

..............................................................................................

## **Réflexion :** Ta lecture des signes

La magie de l'écriture fonctionne au moyen de signes, des signes symboliques gravés dans la pierre, tracés sur le papyrus, calligraphiés sur un parchemin, imprimés sur le papier ou alignés sur l'écran de ta tablette.

Comme l'explique si poétiquement William Shakespeare, tout ce qui nous entoure est signe : « Il y a des voix qui parlent dans les arbres, des livres à lire dans les ruisseaux qui coulent, des leçons à apprendre dans les pierres. »

Chaque lieu, chaque objet peut raconter une histoire. Ce galet, par exemple, que tu as ramassé sur la plage parce qu'il avait la forme d'un cœur et que tu utilises aujourd'hui comme presse-papiers, il t'avait fait signe car à l'époque tu étais follement tombé(e) amoureux(se). Et lorsque tu aperçois aujourd'hui cette pierre sur ton bureau, ton amour passé ressurgit comme par magie des flots de ta mémoire.

**Intention héroïque :**
« Je prends conscience des choses qui m'entourent. »

## **Action :** Les signes de vie du héros

Aujourd'hui, tu vas demander à ton héros de prendre conscience de son lieu de vie et des choses qui l'entourent.

Où habite ton héros ? Pas loin de chez ses parents ? Chez ses parents ? Vit-il seul ? En couple ? En colocation ? Dans une autre ville que celle où il est né ? Dans un autre pays ? Si tu es chez toi en ce moment, regarde autour de toi, sinon visualise l'intérieur du lieu dans lequel tu vis. L'aimes-tu ? L'as-tu choisi ? Comment et pourquoi t'es-tu installé ici ? Est-il rangé ? Bordélique ? Ton héros prend-il soin de son intérieur ?

Demande ensuite à ton héros de parler d'un objet qu'il emporterait avec lui s'il devait quitter le lieu où il habite actuellement. Pourquoi cet objet ? Quelle charge symbolique porte-t-il ? Quels souvenirs se cachent derrière cette affiche punaisée dans sa chambre ? Que raconte ce vieil ours en peluche auquel il manque un œil de verre ? Et cette montre rangée dans sa boîte d'origine, lui rappelle-t-elle un temps révolu ? Choisis les objets qui parlent le mieux de ton héros.

Mon héros habite ..........................................................

Le(s) objets(s) qu'il emporterait avec lui s'il devait quitter ce lieu ..........................................................

et pourquoi ..........................................................

..........................................................

## Réflexion :
## Ton portrait et tes traits de caractère

Depuis l'Antiquité, les hommes ont cherché les correspondances entre les formes du visage et les traits de caractère. Les Sumériens, par exemple, expliquaient la psyché humaine en référence aux dieux et à leur visage. On trouvait ainsi le type « mercurien », « martien », « vénusien », « saturnien », « jupitérien ». Plus tard, Hippocrate établit les quatre grands types de tempérament : le lymphatique, le sanguin, le nerveux, le bilieux. Puis au XX$^{e}$ siècle apparaît la morphopsychologie. Sans étudier pour autant cette méthode créée en 1937 par le docteur Louis Corman, il est certain que les traits d'un visage en disent souvent bien plus sur un personnage qu'un long discours.

Pour être une personne aimable et digne d'intérêt vis-à-vis des autres, il faut être d'abord intéressant à tes propres yeux. C'est ici qu'intervient « l'image de soi », une des principales découvertes de la psychologie. Avoir une bonne image de toi, c'est projeter une image conforme à ta réalité. En te voyant tel que tu es et en apprenant à composer avec ton image, tu dégages alors une aura d'équilibre et de bien-être psychique qui attire la sympathie de ton entourage.

## Intention héroïque :
## « J'ai une bonne image de moi. »

## **Action :** Brossage du portrait du héros

Après la description du lieu de vie de ton héros et de ses objets favoris, voici un exercice dans lequel tu vas brosser son portrait. Pour cela, dans un premier temps, observe-toi attentivement dans le miroir de ta salle de bains. Demande-toi quel est cet aïeul qui t'a transmis cette bouche en forme de U ou de ^ ? Si tu préfères, jette un œil à ta meilleure photo de profil. Puis toujours avec le recul de la **3e personne**, décris minutieusement **au présent** les traits de ton héros, sans oublier de parler de sa gestuelle, de sa façon de se mouvoir et de s'exprimer. Ne sois ni trop dur, ni trop tendre avec cette description. Donne juste une bonne image de ton héros, conforme à la réalité.

Le visage de mon héros est ........................................
..............................................................................

## **Réflexion :** Ton habitude d'écrire

Écrire tous les jours, même peu, fait une grande différence dans l'épanouissement personnel que tu tires de la pratique de l'écriture. Lorsqu'on se lance dans l'écriture, on a souvent tendance à se focaliser sur le résultat final. Mais lorsqu'on déplace son attente du résultat au processus d'écriture, on vit alors une autre satisfaction : celle du travail accompli, celle de la contribution à une œuvre qui devient simplement la somme des actions qui servent à la construire.

Dans environ 3 semaines, lorsque tu auras atteint la quatrième étape du voyage du héros, tu constateras que l'écriture dans ta vie sera devenue pour toi une habitude, une habitude qui peut te servir comme te desservir. Comment distinguer l'une de l'autre ? À la source d'une bonne habitude, tu trouves toujours un objectif que tu t'es fixé (écrire un livre, par exemple) ; à celle d'une mauvaise, ton manque de motivation, ta peur de l'ennui ou ton mal-être.

**Intention héroïque :**
« Je prends conscience
de mes habitudes. »

## **Action :** Les habitudes du héros

Dans l'exercice d'aujourd'hui, je propose que tu dresses la liste des habitudes de ton héros. A-t-il pris de bonnes habitudes ? Fait-il régulièrement du sport ? Mange-t-il des repas équilibrés ? Marche-t-il souvent ? Ou bien s'effondre-t-il systématiquement sur le canapé devant la télé le soir en rentrant du travail ? Passe-t-il le plus clair de son temps devant son smartphone pour disparaître dans la dimension parallèle des réseaux sociaux ou dans celle des jeux vidéo ? Fume-t-il ? Boit-il plus qu'il ne devrait ?

Repasse-toi mentalement dans ta tête une journée type de la vie de ton héros et note toutes les choses qu'il fait régulièrement et machinalement. Cela peut aller de la douche qu'il prend au saut du lit ou le petit déjeuner qu'il saute systématiquement en passant par la demi-heure de course qu'il s'impose tous les deux jours ou le chapitre qu'il lit tous les soirs avant d'aller se coucher. Une fois ses habitudes répertoriées sur ton carnet, détermine si elles desservent ou non sa vie. N'oublie pas de noter son habitude d'écrire désormais 20 minutes par jour après s'être brossé les dents.

| Les bonnes habitudes de mon héros : | Les mauvaises habitudes de mon héros : |
|---|---|
| | |

## ÉTAPE 1. EXERCICE 6

### **Réflexion :** Ta zone de confort

Écrire demande du temps et des efforts quotidiens. Et il ne tient qu'à toi de décider si tu veux vraiment aller jusqu'au bout de ce voyage. Il se peut qu'au fil du temps et des pages, ce qui te paraissait au début une réalité accessible puisse tout à coup t'apparaître insurmontable et ta motivation se dégonfler. Tu n'auras alors qu'une idée : retourner dans ta zone de confort même si celle-ci n'est pas aussi confortable qu'elle en a l'air.

Que signifie exactement « zone de confort » ? Il s'agit d'un ensemble de situations, positives et négatives, auquel tu t'es habitué. En un mot, c'est la bulle dans laquelle tu te réfugies, le train-train quotidien auquel tu t'accroches pour que rien ne change et qui peut te mener parfois à l'inertie. Mais dès que tu décides de faire quelque chose de nouveau, cet effort conscient te sort de l'ordinaire et te tire hors de ta zone de confort. Tu poses alors un regard neuf sur le monde autour de toi.

**Intention héroïque :**
« J'ose la nouveauté. »

## **Action :**
## Sortir le héros de sa zone de confort

Ton héros préfère-t-il rester sous la couette le week-end plutôt que s'aventurer à l'extérieur ? Si c'est son cas, dis à ton personnage qu'il possède pourtant en lui un grand nombre de capacités qui n'attendent que de se manifester. Puis demande-lui ce qu'il aimerait découvrir de nouveau, une chose qu'il n'a encore jamais faite, jamais vue. Quelle nouvelle activité aimerait-il essayer ? Pourquoi ne l'a-t-il encore jamais pratiquée ? Qu'est-ce qui l'a retenu ? Qui l'en a empêché ou dissuadé ?

Imagine ton héros dans cette nouvelle activité. En employant toujours la **3e personne du singulier** et **le présent**, écris ce qu'il ressent en vivant pour la première fois cette expérience. Comment s'y prend-il ? Comment en parle-t-il ? Quelles sont ses pensées ? À depuis quand remonte son envie de découvrir cette activité ? À qui d'autre que toi ton héros aurait-il envie de raconter son expérience ?

Essaie d'être aussi précis que possible. Laisse-toi porter par tes images intérieures. Décris ce que ton héros voit, ce qu'il entend, ce qu'il sent. Le fait d'imaginer et d'écrire son expérience te donnera certainement l'envie et l'audace de la vivre en vrai à ton tour dans un futur proche. C'est parti, on se bouge !

Pour sortir de sa zone de confort, mon héros décide d'expérimenter…

## **Réflexion :** Tes questions et confessions

À la fin du XIXe siècle, le jeune Marcel Proust découvre dans un album anglais de l'une de ses amies un jeu appelé « confessions ». Il s'agit d'une liste d'une trentaine de questions qui invitent à dévoiler les goûts et les aspirations de celui qui s'adonne à ce questionnaire, très en vogue en Angleterre à l'époque. Marcel Proust, alors âgé de 19 ans, y répond avec beaucoup d'humour et d'esprit. Voici la liste originale de ces questions.

1. Mon principal trait de caractère ?
2. La qualité que je préfère chez un homme ?
3. La qualité que je préfère chez une femme ?
4. Ce que j'apprécie le plus chez mes amis ?
5. Mon principal défaut ?
6. Mon occupation préférée ?
7. Mon rêve de bonheur ?
8. Quel serait mon plus grand malheur ?
9. Ce que je voudrais être ?
10. Le pays où je désirerais vivre ?
11. La couleur que je préfère ?
12. La fleur que j'aime ?
13. L'oiseau que je préfère ?
14. Mes auteurs favoris en prose ?
15. Mes poètes préférés ?
16. Mes héros de fiction favoris ?
17. Mes héroïnes de fiction favorites ?
18. Mes compositeurs préférés ?
19. Mes peintres favoris ?
20. Mes héros dans la vie réelle ?
21. Mes héroïnes dans l'Histoire ?

22. Mes noms favoris ?
23. Ce que je déteste par-dessus tout ?
24. Les personnages historiques que je méprise le plus ?
25. Le fait militaire que j'estime le plus ?
26. La réforme que j'estime le plus ?
27. Le don de la nature que je voudrais avoir ?
28. Comment j'aimerais mourir ?
29. Mon état d'esprit actuel ?
30. Les fautes qui m'inspirent le plus d'indulgence ?
31. Ma devise ?

## Intention héroïque :

« J'apprends à mieux me connaître. »

## **Action :** Confession d'un héros ordinaire

Pour ce dernier exercice de l'étape 1 du voyage du héros, je te propose de t'inspirer du questionnaire de Proust et de dresser une liste de 31 questions pour apprendre à mieux connaître les goûts et les aspirations de ton héros. Tu peux, bien sûr, reprendre l'intégralité des questions originales de « confessions », mais je suis certain que tu en trouveras d'autres à soumettre à ton héros.

Quel est le questionnaire de mon héros ?

1. ..........................................................................
2. ..........................................................................
3. ..........................................................................

etc.

# ÉTAPE 2.
# L'APPEL DE L'AVENTURE

Joseph Campbell a nommé la deuxième étape du voyage du héros « l'appel de l'aventure ». Durant cette nouvelle étape, un appel va progressivement ou soudainement surgir dans la vie du héros. Cela peut prendre la forme d'une expérience intérieure plus ou moins intense liée à une découverte – passion pour quelque chose, pour quelqu'un ou pour un lieu… – ou une opportunité de changer de vie qui se présente – un travail plus passionnant, une idée de projet, la possibilité de déménager, de changer de ville, de région, de pays. De toute évidence, une aventure se profile à l'horizon pour le héros.

Les exercices de l'étape 2 vont t'amener à un changement intérieur. Tu prendras conscience des signes du destin, tu apprendras à ne plus te fier aux apparences, à clarifier tes pensées, à choisir les mots justes. En t'observant, tu t'interrogeras sur ce que tu aimes chez toi, ce qui te correspond vraiment pour mieux définir ta mission de vie et envisager un changement dans ton existence.

*Avant de te lancer dans cette nouvelle étape, relis ce que tu as rédigé au cours des exercices de l'étape 1.*

## **Réflexion :** Les signes de ton destin

Dans les contes de fées, tu as certainement remarqué que, très vite, le destin somme le héros de quitter sa zone de confort pour l'inconnu : un autre lieu qui attire le héros mais peut aussi l'effrayer, un lieu étrange regorgeant de trésors mais infesté de dangers. Le héros peut alors décider de s'y aventurer, mû par un désir personnel, ou se laisser guider par *les signes du destin*. Dans les contes, ceux-ci sont souvent dévoilés au héros par l'intermédiaire des fées. Ces êtres de lumière ailés nous renvoient aux anges, intermédiaires entre le ciel et la terre, normalement invisibles à nos yeux, qui parviennent à entrer en contact avec nous à travers nos rêves ou notre intuition. Ils utilisent aussi pour communiquer des signes en rapport avec nos sens – une odeur florale, une musique, des paroles intérieures, des frissons, une caresse, une lumière singulière. Ils peuvent aussi signifier leur présence et nous interpeller au moyen des affiches, des médias, des paroles d'un inconnu, etc. Les anges savent revêtir une multitude de formes pour nous transmettre un message ou nous indiquer une direction.

**Intention héroïque :**

« Je prends conscience des rêves et des signes. »

## **Action :**
## Le héros à l'écoute des signes du destin

Ton héros est-il à l'écoute des signes du destin ? Se réveille-t-il en se rappelant un rêve qu'il a fait ? Si c'est le cas, note-le dans ton carnet en utilisant le **je** et **le présent**. Ne cherche pas à l'analyser durant sa rédaction. Rédige-le tel que tu te le rappelles. L'interprétation du rêve de ton héros (toi) te viendra plus tard par association d'idées en le relisant. Si tu n'as aucun rêve à noter, essaie de te souvenir d'une coïncidence qui a pu troubler son quotidien. Était-ce une intuition ? Une voix dans sa tête ? Ton héros a-t-il déjà ressenti la présence d'un ange ? Rédige cet événement **au passé**.

Si ton héros n'a rien ressenti de tout cela, raconte-moi alors comment il est tombé sur *Deviens l'auteur.e de ta vie*, le livre que tu tiens actuellement entre tes mains.

Mon héros raconte son rêve : « Dans ce rêve, je me trouve... »
Ou :
Mon héros se rappelle cette coïncidence quand il était ............................................................................
............................................................................................................

## **Réflexion :** Le masque de ton messager

Dans les romans qui suivent la trame narrative du voyage du héros, le héros rencontre souvent, au début du récit, quelqu'un qui lui apprend quelque chose qui s'avérera essentiel pour la suite de l'histoire. Il s'agit du messager. Comme nous l'avons vu avec les signes du destin, il surgit aussi pour changer ou faire dévier le cours de la vie du héros. Le messager peut être un parfait inconnu ou une connaissance qui va « jouer un rôle » essentiel dans sa vie. Le héros ne distingue pas toujours immédiatement qui se cache derrière le masque du messager.

Cette personne deviendra-t-elle un ami, un ennemi, un collaborateur, un détracteur, un allié, un faux ami ? Nous avons tous tendance à coller des étiquettes sur les gens que nous rencontrons pour la première fois, car nous ne percevons généralement que leur masque social. Quelqu'un *a priori* de bien attentionné s'avérera plus tard la pire des crapules, tandis qu'un autre à l'abord fermé dévoilera par la suite de remarquables qualités de cœur. Nous sommes tous des acteurs portant des masques, jouant un rôle et cachant souvent leur jeu.

## **Intention héroïque :**
## « J'évite de me fier aux apparences. »

## **Action :** Le héros démasque le messager

Pour cet exercice, je te demanderai de me parler d'une personne qui apparaît comme un *messager* dans la vie de ton héros, c'est-à-dire une personne qui lui a permis (ou lui permet encore) d'entrevoir sa vie d'un autre point de vue ; une personne dont les paroles l'ont éclairé ou bousculé. Était-ce une personne qui, avec le temps, s'est montrée fort différente de ce qu'elle semblait être à première vue ? Ton héros lui est-il resté lié ou l'a-t-il démasquée en découvrant qu'il s'agissait d'un faux ami ? En rédigeant à la **3e personne**, **au présent** ou **au passé**, explique le rôle qu'a joué ce messager dans la vie de ton héros. À toi de voir si c'est de l'histoire ancienne ou pas.

Mon héros a rencontré un jour une personne (un messager) qui lui a dit...

## **Réflexion :** Ta vie rêvée

L'écriture garde pour toujours la trace de tes pensées, de tes actions présentes et passées, mais aussi de tes rêves et de tes futurs possibles. L'écriture est un feu sacré, une invention prométhéenne. Elle confère à l'homme la mémoire et la vision, égale à celles des dieux immortels, sans limite dans l'espace et le temps.

En rédigeant au présent tes rêves de futur, un futur que tu imagines, tu sèmes tes désirs dans la matière. En posant tes intentions sur le papier, le plus clairement possible et dans les moindres détails, tes lettres et tes lignes deviennent le semis de ce futur que tu nourriras en relisant régulièrement tes pages écrites avant de les voir prendre forme dans ta vie.

**Intention héroïque :**
« Je formule clairement
ce que je souhaite vivre. »

## **Action :** Le rêve d'un héros

Lors de la première étape du monde ordinaire, je t'ai demandé dans l'exercice 6 de sortir ton héros de sa zone de confort pour lui faire vivre une expérience qu'il n'avait jamais vécue auparavant. As-tu eu le temps de vivre cette expérience en vrai ? Pas encore ? Cela étant dit, je vais te demander aujourd'hui d'imaginer le futur de ton héros. Dans les exercices précédents, tu as confié à ton carnet les secrets de ton héros, ses bonnes et ses mauvaises habitudes, sa routine quotidienne. Mais ton héros est-il satisfait de son quotidien ? De son style de vie ? De ses fréquentations ? Son métier, ses études ou son stage lui plaisent-ils ? Est-il heureux de gagner sa vie comme il le fait ? A-t-il le sentiment de « gagner » sa vie avec ce boulot ou de la « perdre » ? A-t-il songé à changer de travail ? Envisagé d'initier un projet professionnel qui conviendrait mieux à son véritable « Je » ? Si ton héros n'avait pas besoin de travailler pour « gagner » sa vie, que ferait-il de sa vie ? Comment l'organiserait-il ? Imagine que ton héros tombe sur une bonne fée qui lui permette de réaliser son rêve. Que lui demanderait-il ? Quelle serait sa vie rêvée ? En l'écrivant noir sur blanc sur ton carnet, tu vas permettre à ton héros de la réaliser. Essaie de donner un maximum de détails, et parle du futur de ton héros en utilisant ici le **je**. Imagine sa vie rêvée **au présent** et plante-la avec tes mots.

Mon héros raconte sa vie rêvée.
Je lui donne la parole : « Je suis... »

## **Réflexion :** Ton écriture méditative

Écrire s'apparente parfois à une contemplation. La calligraphie, par exemple, peut devenir une véritable méditation. Elle s'accompagne de dépouillement. Dans la pensée chinoise, le vide est un principe fondamental. Ce ne sont pas les lettres qui inspirent le poète calligraphe mais le blanc du papier. Ses mots sont le souffle qui fait respirer la feuille et donne vie au poème. Calligraphier, c'est une prière à soi-même. En Orient, une leçon d'écriture pourrait être : « Il n'y a pas de trait descendant qui ne remonte, il n'y a pas d'amour donné qui ne revienne. » Pas d'expiration sans inspiration. Écrire, c'est s'inspirer du silence pour expirer le souffle du verbe. Écrire, c'est entendre le son du silence et le voir se refléter dans le blanc du papier.

## **Intention héroïque :**
## « J'écoute ce que dit mon cœur. »

## **Action :** Les mots du cœur du héros

Aujourd'hui, avant de commencer ton nouvel exercice d'écriture, essaie d'observer chaque pensée qui traverse ton esprit, tandis que ton poignet dans le miroir s'agite devant ta bouche. Une fois que tu t'es lavé les dents, installe-toi devant ton carnet et ouvre-le à une double page entièrement vierge. N'inscris pour l'instant rien dessus, ni la date, ni le numéro de l'étape. Rien. Contente-toi de regarder le vide des pages immaculées, le blanc du papier, tout en te concentrant sur ta respiration pendant 10 minutes. Observe tes pensées. Surveille ta respiration, son inspiration, son expiration. Deviens la feuille blanche, comme si ton âme était la même que celle du papier. Pendant 10 minutes… Puis, une fois que tu as terminé, détends-toi 1 minute avant de prendre une ample inspiration. À la fin de cet inspir, capture la première image ou le premier mot qui te vient à l'esprit. Si par exemple tu vois l'image d'un arbre ou si tu entends le mot *arbre*, écris sur ton expiration le mot arbre sur la double page à un endroit qui t'attire. Si tu as vu une image, écris le mot représentant cette image. Écris ce mot le mieux possible, avec conscience, tandis que l'air filtré à travers ton sang et ton cœur se libère de tes poumons. C'est ton héros intérieur qui t'a dicté ce mot. Puis encercle ce mot solitaire comme un soleil dans le ciel de la page. Que t'inspire-t-il ? À chaque nouvelle expiration, écris un nouveau mot que le mot encerclé t'inspire. Écris autant de mots que tu le désires. Ton cœur te chuchotera quand il aura terminé de te souffler ses mots.

J'ouvre mon carnet, me concentre sur une page blanche et écoute ce que mon héros dicte à mon cœur…

## **Réflexion :** Ton style d'écriture

Lorsque tu utilises des mots qui te vont, des mots qui revêtent parfaitement ta pensée et que tu les coordonnes avec clarté dans tes phrases, tu as trouvé ton style. Celui qui devient pour toi comme une seconde peau, qui respire tes émotions, tes sensations, ta vision. Dans l'Antiquité, le *style*, ancêtre du stylographe, désignait un poinçon de fer ou un os à l'extrémité pointue qui permettait d'écrire sur les tablettes de cire. À l'époque de Cicéron, le style signifiait aussi la manière d'écrire, par glissement métonymique, c'est-à-dire le fait de remplacer un concept par un autre avec lequel il a un lien logique. Une figure de style, si tu préfères.

Comme un style vestimentaire, le style littéraire que tu adoptes se fait l'expression de ce que tu veux montrer aux autres. Ton style peut être spontané, sophistiqué, alambiqué, fantaisiste, brouillon. Il existe toutes sortes de styles : administratif, journalistique, publicitaire, télégraphique, et j'en passe. Puis il y a ton style, celui que tu utilises pour raconter la vie de ton héros à ta manière. Un style unique qui reflète ta personnalité !

## **Intention héroïque :**
## « Je trouve mon style. »

## **Action :** Un héros très stylé

Aujourd'hui, je te propose de reprendre tous les mots que ton cœur t'a soufflés dans l'exercice précédent. Assemble-les en une ou plusieurs phrases. L'exercice consiste à utiliser tous les mots et à ajouter les liaisons (verbe, adjectif, complément) pour trouver ton style, ta musique intérieure. Pour cet exercice, choisis **le temps** et le **pronom sujet** qui te vont le mieux.

Une fois que tu as terminé, afin d'**exercer ton style littéraire**, tu vas aujourd'hui décrire le style vestimentaire de ton héros. Quel vêtement choisit-il pour aller travailler ? Sortir ?

S'il pouvait renouveler toute sa garde-robe, achèterait-il le même style de vêtements ? Ou changerait-il complètement de look ? Passerait-il de jogger à hipster ? De Monoprix à Gucci ? Ses nouveaux habits sont-ils griffés ? Trouve un nouveau style vestimentaire à ton héros ou explique pourquoi son style actuel lui convient parfaitement. Écris à la **3e personne** et **au présent** et choisis des mots sur mesure pour habiller tes phrases avec le style que tu aimes.

J'assemble avec style les mots que mon héros a soufflés à mon cœur : ...
Je décris de façon stylée la tenue vestimentaire de mon héros : « Mon héros s'habille avec style. Il porte... »

## **Réflexion :** L'ordre de ton cerveau

« Sleon une édtue de l'Uvinertisé de Cmabrigde, l'odrre des ltteres dnas un mot n'a pas d'ipmrotncae, la suele coshe ipmrotnate est que la pmeirère et la drenèire lteetrs sinoet à la bnnoe pclae. Le rsete peut êrte dnas un dsérorde ttoal et tu puex tujoruos lrie snas porblmèe. C'est prace que le creaveu hmauin ne lit pas chuaqe ltetre elle-mmêe, mias le mot cmome un tuot. »

As-tu compris ce que tu viens de lire ? Tu peux remettre les lettres dans le bon ordre pour vérifier si ton cerveau a tout assimilé.

Si le cerveau semble bien s'en sortir avec les mots dont les lettres sont en désordre, il est judicieux parfois, pour y voir plus clair dans ta boîte crânienne, de faire des listes. Après le stylo et le carnet, la liste de mots est l'outil indispensable de l'apprenti auteur. Elle permet de clarifier ton esprit, de faire tous les jours place nette à l'intérieur de toi. Elle est la meilleure façon d'éviter de te perdre et de mélanger tes idées.

**Intention héroïque :**
« Je clarifie mon esprit
et organise mes pensées. »

## **Action :** Un héros bien ordonné

Aujourd'hui est une journée de rangement et d'organisation pour ton héros. Je te propose de lui demander de faire des listes pour y voir plus clair en lui-même.

En premier lieu, demande-lui de dresser celle des choses qui le mettent de bonne humeur pour booster sa journée ; en deuxième lieu, celle des choses qui le mettent en colère pour ne plus les ruminer dans sa tête ; en troisième lieu, la liste de ses atouts pour se donner le moral ; et en dernier lieu, celle de ses faiblesses pour s'améliorer.

Une fois que tu auras noté tout ça, tu peux en profiter pour faire la liste des choses que ton héros doit faire aujourd'hui pour ne rien oublier.

- Liste 1 : Mon héros adore…
- Liste 2 : Mon héros déteste…
- Liste 3 : Mon héros est super doué pour…
- Liste 4 : Mon héros est un vrai bras cassé pour…

→ *To do list* du jour…

## **Réflexion :** Ta correspondance

Si l'écriture est une projection de soi, la feuille de papier peut devenir une image de l'autre. La peau du papier est tel un corps qui attend. La page blanche de la lettre qu'on s'apprête à adresser à son « correspondant » est un confessionnal. L'autre est déjà là, mais invisible, palpable et muet. Le papier reçoit les mots sans interrompre, sans trahir les paroles transmises. La lettre invite à aimer celui/celle qui nous correspond, tout comme elle peut le/la tenir à distance si nos mots ne correspondent pas à ce que nous sommes vraiment.

Avec l'extension des réseaux sociaux et l'abondance des e-mails, nos boîtes aux lettres non virtuelles ont le ventre creux. Pourtant, il fut une époque pas si lointaine où nous attendions avec impatience la lettre manuscrite qui était une présence, une extension palpable de celui ou de celle qui nous correspondait parfaitement.

**Intention héroïque :**
« Mes mots correspondent
parfaitement à ce que je suis. »

## **Action :** La correspondance du héros

Aujourd'hui, je te demande de te procurer du papier à lettres, une enveloppe, un joli timbre pour écrire une lettre à ton héros. Et pas n'importe quelle lettre : une vraie lettre d'amour. Écris avec ton cœur. Écris tout le bien que tu penses de lui, tous les espoirs que tu portes en lui, et surtout tout l'amour que tu as pour lui. Écris à ce héros magnifique qui dort encore au fond de toi et qui demande que tu le réveilles. Car à ce stade du voyage, ton héros n'a pas encore conscience d'être le héros de ta vie, et toi, d'être l'auteur de la sienne. Considère que cette lettre que tu vas lui écrire et envoyer à toi-même (oui, tu vas glisser cette lettre dans une enveloppe, écrire ton nom et ton adresse dessus et coller un timbre) sera le sceau de votre engagement l'un envers l'autre, de votre union. Tu écris à ton héros, et la lettre que tu recevras sera sa réponse miroir. Elle *reflétera* ce que tu es vraiment. Sois vrai, ne lui mens pas car il pourrait te mentir à son tour. Une fois que tu auras lu sa lettre, garde-la avec toi tout au long du voyage du héros. Elle t'aidera à franchir le pas : embarquer avec ton héros vers l'aventure et passer chacune des étapes. Alors, trouve un joli papier à lettres et, de ta plus belle plume, écris la plus jolie lettre que tu aies jamais écrite après avoir médité ces paroles de Marguerite Yourcenar dans *Mémoires d'Hadrien* : « La lettre écrite m'a enseigné à écouter la voix humaine. »

J'écris une vraie lettre à mon héros et je l'envoie à mon adresse.
« Mon très cher héros... »

..............................................................................................

..............................................................................................

..............................................................................................

..............................................................................................

# ÉTAPE 3.
# LE REFUS DE L'APPEL

Devant cette nouvelle étape, il y a de fortes chances que le héros soit d'abord réticent. Il a peur de l'inconnu et il est prisonnier du confort anesthésiant de son quotidien. Le héros peut toutefois entendre et répondre à l'appel en agissant. Cela passe alors nécessairement par une rupture du cours normal de sa vie telle qu'elle était auparavant. Plus la conscience de cet appel est forte, plus le héros y répond irrésistiblement malgré les réactions d'incompréhension ou d'opposition de l'entourage. La bienveillance et le non-jugement des personnes qui lui sont proches lui seront d'un grand soutien. Toutefois, c'est surtout sa détermination qui le poussera à agir.

Au cours des exercices de l'étape 3, tu vas apprendre à reconnaître tes peurs. Tu prendras conscience de tes faux-semblants ainsi que de ceux de ton entourage. Tu commenceras à te mettre en mouvement mais en faisant attention à ne pas te disperser. Tu seras de plus en plus à l'écoute de ton intuition et apprendras à la suivre.

*Avant de te lancer dans cette nouvelle étape, relis ce que tu as rédigé au cours des exercices de l'étape 2.*

## ÉTAPE 3. EXERCICE 1

# Réflexion :
Ta peur est mauvaise conseillère

Parfois, face à certaines situations, il arrive que nous nous dérobions alors qu'une petite voix au fond de nous nous pousserait davantage à l'action. Mais nous préférons l'ignorer, ne pas intervenir, ne pas agir, faire semblant de n'avoir rien entendu. C'est la peur qui nous retient et nous tétanise ainsi. Pas cette peur instinctive et animale qui nous signale soudain un danger pour nous en préserver, mais cette peur insidieuse et sournoise, souvent inconsciente, liée à notre passé, à notre mental et à notre ego, qui fait barrière à l'amour. Il est essentiel de prendre conscience de ce qui motive nos décisions et nos choix dans la vie. Fondamentalement, il existe deux énergies qui nous poussent à agir ou à réagir face à une situation : l'amour ou la peur. Avant de dire quelque chose ou de prendre une décision, tu devrais toujours te demander si tu agis par amour ou par peur.

La peur t'empêche de te sentir libre, d'être authentique et d'agir selon l'inspiration de ton cœur. La peur préfère accepter ce qui est en place car l'ego perçoit toujours le changement comme impossible ou dangereux.

Lorsque tu suis ton cœur, lorsque tu te sens inspiré, passionné et ressens la joie d'entreprendre quelque chose de nouveau, poussé par un désir sincère, tu choisis l'amour. Tu es l'amour quand tu cesses de juger et de condamner les autres. Faire le choix de l'amour, c'est retrouver ta liberté d'être, la responsabilité de ta vie en agissant en accord avec ta véritable essence car l'amour est toujours libre.

**Intention héroïque :**
« Je prends conscience
de mes peurs et de mes craintes. »

## **Action :** Le héros face à sa peur

Aujourd'hui, pour ce nouvel exercice, j'aimerais que tu demandes à ton héros de se rappeler les fois où la peur l'a freiné dans ses actions, l'a fait mal agir ou entraîné à se dérober.

En utilisant la **3e personne** et en rédigeant ton récit **au passé**, raconte pourquoi ton héros a agi ainsi. Quelles ont été les conséquences de son action ou de sa dérobade ? Avait-il conscience que la façon de se conduire n'était pas en accord avec ce que lui dictait son cœur ?

Il n'est parfois pas évident d'être complètement honnête vis-à-vis de soi. Cet exercice va t'aider à l'être vis-à-vis de ton héros. Il est temps qu'il prenne conscience de la motivation de ses choix dans sa vie et transforme la peur en amour.

Mon héros a eu peur de ........................................
là fois où ........................................

ÉTAPE 3. EXERCICE 2

## Réflexion :
## Ton destin, ta destinée, tes destinations

Depuis la nuit des temps, l'homme a désigné le destin par de nombreux et différents noms, mais tous transmettaient l'idée de la part de vie réservée à chaque être humain avec son lot de bonheurs et de malheurs. On peut considérer que le destin est inéluctable mais qu'on peut influer sur sa destinée. Quand il nous arrive d'avoir le sentiment d'être passé à côté de quelque chose d'important, d'avoir raté une occasion qui aurait pu changer le cours de notre destinée, nous nous demandons si cette occasion se présentera à nouveau. D'un autre côté, quand nous commettons des erreurs de parcours en prenant une direction qui ne s'avère pas bonne pour notre vie, il nous arrive souvent de retomber dans la même impasse et de refaire les mêmes erreurs. Tant que nous refusons de reconnaître notre part de responsabilité dans ces erreurs passées, tant que nous ne comprenons pas la leçon que nous offre le destin, celui-ci semble nous faire répéter encore et encore ces erreurs jusqu'à ce que nous prenions conscience de nos schémas répétitifs. Une fois la leçon apprise, c'est en toute liberté que nous pourrons alors reprendre notre destinée en main.

## Intention héroïque :
## « Je prends conscience de mes erreurs passées. »

## **Action :** Le héros face à son destin

Aujourd'hui, j'aimerais que tu demandes à ton héros s'il a eu déjà la sensation d'avoir manqué le coche. Comment a-t-il réagi ? S'en est-il voulu de ne pas avoir saisi l'opportunité qui se présentait à lui ? A-t-il cherché à rattraper le coup ? Pourquoi a-t-il refusé de prendre cette destination qui s'offrait à lui ? Aurait-elle changé le cours de sa destinée ? L'aurait-elle dirigé vers un autre destin ? Puis demande à ton héros s'il lui semble parfois avoir fait fausse route. Est-il conscient de ses erreurs ? Quelles situations semble-t-il toujours rejouer ? A-t-il eu le sentiment que le destin était parfois ligué contre lui ? S'est-il demandé pourquoi ce qu'il entreprenait n'aboutissait pas ? A-t-il compris avec le temps ? Le destin voulait-il lui faire passer un message ? A-t-il lâché prise ou a-t-il continué à s'accrocher ? Toutes ces questions ravivent des souvenirs dans la mémoire de ton héros, n'est-ce pas ? En utilisant la **3e personne**, rembobine **au passé** le fil du destin de ton héros pour mieux comprendre ses erreurs.

Mon héros a commis une erreur quand ....................

..........................................................................................

## **Réflexion :**
## Quand le bien et le mal te divisent

Avant de devenir un nom propre représentant l'esprit du mal, le mot *diable*, issu du verbe grec *diabàllô*, voulait dire « celui qui divise » ou « qui désunit ». Dans la tradition judéo-chrétienne, le Diable, chef des anges déchus, initialement créé par Dieu, s'est détourné de l'Éternel pour devenir son égal. Si ce qui est « bien » pour soi semble évident, on se sent parfois divisé devant une action ou une situation que l'on a du « mal » à comprendre. Il est souvent difficile de savoir faire le bon choix, de sentir immédiatement ce qui est bien ou mal pour nous. Perturbés par les sollicitations extérieures ou nos conflits intérieurs, nous ne voyons plus clair en nous. Tu as très certainement été plusieurs fois confronté à ce genre de dilemme, et peut-être qu'aujourd'hui un choix entre deux options se présente à toi. Pas de panique, l'exercice suivant va t'aider à ne plus te sentir divisé.

## **Intention héroïque :**
## « J'observe mes sensations pour choisir ce qui me convient le mieux. »

## **Action :** Un héros divisé

Après tes rituels du matin, je t'invite à te concentrer sur ta respiration, à inspirer et expirer plusieurs fois en te plongeant dans le vide sidéral d'une page blanche de ton carnet. Puis pense au dilemme qui te préoccupe. Donne un titre à l'option 1 qui pourrait répondre à ce dilemme. En utilisant **le présent** et le **je**, écris avec moult détails ce que ton héros intérieur te dit, comme s'il avait déjà fait l'expérience de cette option. Au cours de ta rédaction, sois très attentif à ce que tu ressens et note tes émotions. Puis passe à l'option 2, à une autre possibilité d'action en réponse à ce même dilemme. Trouve un titre et écoute ce que ton héros intérieur te dit au sujet de cette seconde expérience. Une fois que tu as terminé d'écrire, concentre-toi de nouveau sur ta respiration, puis relis les deux options. À la fin de la lecture, je te garantis que tu sauras quelle option choisir pour ton bien ou le moindre mal.

J'écoute ce que mon héros me dit :

- ☐ « Face à l'option A, j'ai le sentiment… »
- ☐ « Face à l'option B, j'ai le sentiment… »

## **Réflexion :** À l'écoute de ton intuition

Il arrive souvent qu'une réponse, une proposition, un engagement, tarde à venir. On surveille ses sms, ses e-mails, sa boîte aux lettres. Et le jour où le message arrive enfin, le jour où tu dois dire oui, répondre à l'appel, quelque chose au fond de toi te signale soudain : « prudence », « ralentir ». Les paroles de ton interlocuteur ne résonnent pas juste.

Le refus de l'appel est généralement un passage négatif dans la trame narrative du voyage du héros. La vie encourage souvent plus à bouger, à dire oui qu'à dire non. Mais il arrive parfois que le refus de l'appel puisse, au contraire, se montrer positif, surtout si l'on est à l'écoute de son cœur, si l'on reconnaît la voix de son intuition, cette petite voix aussi légère qu'un air de musique qui t'indique que tu fais fausse route, ce pincement au creux de ton estomac, cette soudaine chair de poule. L'intuition est un savoir qui ne passe pas par le filtre du mental. C'est un ressenti qui se superpose à toutes tes pensées pour t'avertir ou t'indiquer une solution plutôt qu'une autre. Suivre ton intuition t'amène toujours vers le bon choix, même si au premier abord cela ne semble pas logique pour ton esprit cartésien.

## **Intention héroïque :**
« Je me fie à mon intuition. »

## **Action :** Le héros devant l'appel

Aujourd'hui, tu vas demander à ton héros de se tourner vers son passé et de se rappeler s'il a déjà accepté quelque chose qu'il a regretté par la suite. Ou s'il se félicite d'avoir décliné une proposition qu'on lui a faite. Quelle que soit l'option que ton héros a pu choisir à l'époque, raconte ce qu'il a ressenti en acceptant ou en refusant l'appel. Avait-il reconnu la voix de son intuition ? Utilise la **3e personne du singulier** et **le passé** pour raconter en détail le jour où ton héros s'est fié à son intuition ou en a fait fi.

Mon héros a/n'a pas suivi son intuition le jour où ..........................................................................................

## **Réflexion :** Entends-tu les sirènes ?

Fini l'éparpillement, finies les mauvaises habitudes. Tu as pris de bonnes résolutions, tu travailles désormais tous les jours à ton voyage du héros, tu as fait la liste de tes objectifs et tu as décidé de t'y tenir. Bravo ! Sauf qu'hier soir tu n'as pu résister au *chant des sirènes*. D'après le récit homérique de l'*Odyssée*, le chant irrésistible des sirènes charmait les marins et les entraînait vers une mort certaine. Ulysse sut résister à leur chant fatal en bouchant à la cire les oreilles de ses matelots et en se faisant attacher au mât de son navire. Ainsi ligoté, il put les écouter sans pour autant se jeter dans les flots.

Joseph Campbell disait que les artistes devaient résister aux « flatteries du monde », sauf qu'il est parfois difficile et contradictoire pour un écrivain de s'immerger dans un roman sans se plonger dans le monde extérieur d'où il puise le matériau et l'inspiration de sa créativité. Toutefois, il y a une différence entre le fait de plonger dans le monde extérieur et de s'y noyer. Puiser dans le grand bain de la vie ce qui convient à l'artiste, c'est avant tout une affaire de discernement.

**Intention héroïque :**
« Je résiste aux tentations extérieures
pour me concentrer sur ce qui
me tient à cœur. »

## Action :
## Le héros sourd au chant des sirènes

Aujourd'hui, tu vas te rappeler une situation où ton héros s'est laissé tenter. Cette soirée où tout tanguait autour de lui. Raconte avec humour à la **3e personne** et **au passé** comment et pourquoi ton héros n'a pas pu résister au chant des sirènes, ce qui l'a éloigné de son voyage et de la bonne conduite qu'il s'est fixée.

Puis pose à ton héros la question suivante : Quels sont les appels extérieurs qui nourrissent sa créativité ? Une balade en forêt ? Une nouvelle exposition ? Un cocktail mondain ? Une marche au bord de l'eau ou dans une manif ? Répertorie les réponses de ton héros en dressant une liste. Puis en les notant de 1 à 10, fais le tri entre les chants qui nourrissent le plus sa créativité et ceux auxquels il vaut mieux qu'il reste sourd.

Mon héros n'a pas résisté au chant des sirènes la fois où ..............................................................

..............................................................

Les appels qui nourrissent la créativité de mon héros sont ..............................................................

..............................................................

..............................................................

## **Réflexion :** Ta peur de la feuille blanche

C'est déjà arrivé aux plus grands auteurs. Ils se sont un jour retrouvés en apnée, en panne d'inspiration, bloqués devant le vide sidéral de la feuille blanche, atteints soudain de « leucosélophobie »… Ce mot qui sonne comme le nom d'une maladie grave désigne en fait le mal que contracte de nombreux écrivains : l'angoisse de la page blanche. Ce fameux *writer's block* qui effraie l'auteur et le bloque devant son cahier ou son écran d'ordinateur est un redoutable syndrome qui paralyse non seulement les écrivains, mais aussi les peintres, les compositeurs, et tout autre artiste en panne d'inspiration. La page blanche donne le vertige. Ce syndrome est souvent lié au fait de vouloir obtenir un résultat si parfait que chaque idée qui traverse l'esprit de l'auteur lui semble systématiquement médiocre et qu'il lui est alors impossible de commencer ou terminer son œuvre. Face à ce phénomène, il est conseillé de prendre du recul quant au résultat final et de se lancer dans le vide.

**Intention héroïque :**
« J'accepte l'imprévu
et l'improvisation. »

## **Action :**
## Quand le héros se lance dans le vide de la feuille blanche

Aujourd'hui, ton héros devra se montrer casse-cou. Toutefois, je ne te donnerai aucune directive, aucune piste d'écriture, je te demanderai seulement d'écrire ce que tu veux sur la vie de ton héros : free style, programme libre, grand saut dans le vide ! Écrire un texte parfait dès le premier jet reste exceptionnel, même chez les écrivains les plus doués. L'inspiration et le talent ne suffisent pas, il faut aussi beaucoup de travail. Et les plus grands textes que tu admires ont tous été retravaillés pour donner satisfaction à leur auteur. Mais avant ce travail, il y aura toujours le premier jet, ce premier saut dans l'inconnu. Tu peux utiliser le **pronom personnel** et **le temps que tu veux**, la seule chose que cet exercice te demande est de lancer ton héros tête baissée dans l'aventure de la feuille blanche. Go ! La feuille blanche ? Même pas peur !

ÉTAPE 3. EXERCICE 7

## **Réflexion :** Tes gardiens du seuil

Au cours du voyage du héros, de nombreux « gardiens » vont se présenter. Des gardiens qui, au seuil de certaines étapes, évalueront, testeront ou effraieront ton héros. Ces gardiens du seuil peuvent prendre de nombreuses formes. Ils symbolisent les obstacles que le héros doit affronter. Ils peuvent prendre la forme du retard du train, d'une grève ou se transformer en hostilité de la gardienne de l'immeuble, peur des parents, revendications d'un collègue de bureau, aboiements du chien (de garde)… Autant d'obstacles qui barrent la route à ton héros. Les gardiens du seuil apparaissent sur le chemin de ta vie comme dans un miroir pour y refléter tes propres questionnements, tes doutes, tes peurs, tes blessures, tes dépendances, les limites que tu mets pour t'empêcher de te développer personnellement. Dans les contes de fées, ils se matérialisent généralement en personnages menaçants comme des dragons et représentent les démons intérieurs du héros. Mais ils peuvent aussi te mettre en garde contre un danger. Tu comprends mieux pourquoi cet escargot de taxi t'a fait manquer ton train quand, en montant dans le suivant, tu te retrouves nez à nez avec une vieille connaissance qui te propose un nouveau boulot. Les gardiens deviennent alors les alliés du destin et indiquent au héros la voie à suivre.

**Intention héroïque :**
« Face à l'adversité, je prends conscience de mes propres barrières et de mes peurs. »

## **Action :** Le héros face à ses gardiens

Aujourd'hui, je te demande de reconnaître les gardiens du seuil. Qui a déjà barré la route de ton héros ? Était-ce quelqu'un de sa famille ? Un collègue de bureau ? Un ou une petit/e ami/e ? Un policier ? Un fonctionnaire ? La gardienne d'immeuble ? Qui l'a mis en garde ? Qui a ranimé ses peurs, ses angoisses, ses phobies ? Une émission de télévision ? Un gros titre dans les journaux ? Des statistiques ? La météo ? Il est toujours intéressant de reconnaître ses démons intérieurs lorsqu'un gardien du seuil se présente. Il est là pour tester ton héros, savoir si celui-ci est réellement prêt pour l'aventure ou le mettre en garde contre un éventuel danger.

En utilisant la **3e personne**, parle de la réaction de ton héros face à son gardien. Qu'a-t-il compris sur lui-même en ayant affaire à un individu *a priori* aimable comme une porte de prison ? L'enquête est ouverte, **au passé** ou **au présent**, l'objectif de l'exercice étant de repérer et de démasquer les gardiens.

Le jour où mon héros s'est retrouvé face à/a eu affaire à ..........................................................................

# ÉTAPE 4. RENCONTRE AVEC LE MENTOR

Le héros a accepté son appel intérieur, le voyage initiatique peut commencer. Au début de cette nouvelle aventure, il va faire la rencontre d'une personne (ou plusieurs) qui lui ouvrira l'esprit. Cette personne expérimentée lui donnera de sages conseils. À l'image d'un mentor, elle l'inspirera, l'aidera à s'orienter et à faire des choix. Cela peut être un thérapeute, un formateur, un entraîneur sportif. C'est une personne qui a de l'expérience et qui saura comment « équiper » le héros. Une fois que ce mentor jugera qu'il est prêt, il le laissera s'aventurer seul sur la route, et le héros devra affronter lui-même les épreuves qui se dresseront devant lui.

Au cours des exercices de l'étape 4, tu vas accepter de te faire aider pour devenir l'auteur.e de ta vie. En prenant exemple et en t'appuyant sur quelqu'un de plus expérimenté que toi, tu sortiras peu à peu de ta routine, tu prendras confiance en toi et tu feras confiance.

*Avant de te lancer dans cette nouvelle étape, relis ce que tu as rédigé au cours des exercices de l'étape 3.*

## **Réflexion :** Ton mentor inspirant

Dans l'*Odyssée*, Mentor est l'ami d'Ulysse et le précepteur de son fils Télémaque. Alors que ce dernier est confronté aux railleries des prétendants au trône, la déesse Athéna se sert de Mentor pour qu'il incite Télémaque à se mettre à la recherche de son père. Télémaque répond à l'appel, et quitte le palais et son monde ordinaire pour se lancer dans l'aventure. Le nom *Mentor*, comme le terme *mental*, vient de la racine grecque *menos* signifiant « esprit » ; et quand on apprend qu'*inspiration* vient de « en l'esprit », les conseils et les indications d'un mentor ne peuvent qu'être source d'inspiration pour le héros en devenir. Avant qu'un mentor ne s'ennoblisse de ce nom, celui-ci a d'abord été un héros. Du moins, il a effectué plusieurs fois le voyage du héros, acquis des connaissances et un savoir-faire qu'il peut désormais transmettre. Tu as certainement rencontré un tel personnage dans ta vie. Quelqu'un qui a su te diriger, t'orienter. Cela a pu être un professeur, un entraîneur, un psychologue, un thérapeute…

**Intention héroïque :**
« J'accepte de me laisser guider
et d'être conseillé. »

## **Action :**
## Lorsque le héros est prêt, le mentor apparaît

Aujourd'hui, j'aimerais que ton héros se souvienne d'un mentor qu'il a croisé et qui lui a ouvert le chemin. Comment l'a-t-il rencontré ? Ton héros a-t-il cherché à se rapprocher de cette personne ou s'est-elle présentée à lui ? « Lorsque l'élève est prêt, le maître apparaît. » Ce proverbe bouddhique s'applique-t-il à ton héros ? Dans la négative, ton héros se sent-il prêt aujourd'hui à rencontrer un maître ? Quelle allure, quelle personnalité aurait ce mentor ? Dans quel domaine aimerait-il bénéficier de ses conseils ?

Dans un premier temps, je te propose que ton héros nous parle d'une personne qui a déjà joué le rôle de mentor dans sa vie. La voit-il toujours ? Pourquoi ? Puis, dans un second temps, je t'invite à imaginer **au présent** et en utilisant le **je**, un mentor que ton héros ne connaît pas encore et qui ferait son apparition dans sa vie. Qui est ce mentor ? Comment le rencontre-t-il ? De quelle manière va-t-il inspirer et aider ton héros ? Fais apparaître le mentor. Tu es prêt à présent.

Une personne a joué le rôle de mentor dans la vie de mon héros. « Cette personne s'appelait ........................................................................ »

Mon héros parle d'un mentor idéal : « Mon mentor m'aide à ........................................................................ »

## **Réflexion :** Les conseils de ton maître

Maître incontesté du thriller, Stephan King est aussi l'auteur du manuel *Écritures : mémoires d'un métier* dans lequel il dévoile sa méthode et prodigue aux jeunes écrivains de nombreux conseils. On y découvre comment avoir un style unique tout en maintenant le suspense d'une intrigue. En voici quelques extraits :

« La description commence dans l'imagination de l'auteur mais doit finir dans celle du lecteur de manière qu'il frémisse de reconnaissance. »

À l'instar de chaque individu, le style et l'univers de chaque écrivain sont uniques. La lecture des grands auteurs est toujours inspirante, mais il existe en chacun de nous une musique, une sensibilité qui nous est propre. Comme dit le dicton : « Qui se ressemble s'assemble ». Il en va de même pour les lecteurs qui « s'assemblent » à leurs auteurs favoris. Un auteur peut t'inspirer au point de devenir ton maître. Il deviendra certainement un modèle, te fera découvrir de nouveaux horizons, mais tu ne seras jamais « lui » pour autant. En revanche, il te guidera vers ta sensibilité, ta vision, ton imagination et t'aidera à devenir « toi », le seul et unique auteur de ta vie.

## **Intention héroïque :**
## « Je trouve l'inspiration auprès des gens que j'admire. »

## **Action :**
## Présentation de tes maîtres à ton héros

Aujourd'hui, bibliothérapie ! Je te demande de choisir tes trois auteurs préférés. Réfléchis bien. Je suis certain que tu as toute une liste en tête, mais n'en sélectionne que trois, ton tiercé dans l'ordre que tu aimes. Même si ce sont des outsiders qui ne font pas partie des chouchous du monde littéraire ou de celui des médias, ils n'en restent pas moins TES trois auteurs favoris, les mentors qui t'ont certainement donné le goût de la lecture et l'envie d'écrire la vie de ton héros. **En utilisant le je** et **le présent,** explique à ton héros ce que tu penses d'eux, de leurs œuvres. Pourquoi les as-tu lus ? Comment les as-tu découverts ? Te les avait-on conseillés ? Pourquoi leurs récits t'ont tellement touché, bouleversé, transporté, leur style, tant inspiré ? Oublie la critique littéraire, écris avec le cœur et le style qui est le tien pour présenter tes maîtres à ton héros.

Je parle de mes trois auteurs favoris à mon héros : « Ces trois auteurs... sont pour moi des maîtres d'écriture parce que... »

## **Réflexion :** Ta signature ou ton sigil

Une signature permet d'identifier l'auteur d'un écrit ou d'une œuvre. Elle peut signifier aussi l'approbation de la personne qui l'a apposée au bas d'un document. Mais une signature est avant tout une « marque » qui permet toujours une identification. Le terme *sigil* provient du latin *sigillum* et veut dire « signature ». Un sigil est un signe cabalistique, une figure graphique, un sceau qui représente une intention magique, un symbole magique. En grec ancien, le mot *symbole* dérive du verbe *symballesthaï* qui signifie « mettre ensemble », « rassembler ». Dans l'Antiquité, il était d'usage de casser une tablette d'écriture en argile, d'en distribuer les morceaux entre les membres d'un groupe afin que leurs descendants puissent par la suite se reconnaître en rassemblant les morceaux. Le sigil est donc un signe de reconnaissance, un mot de passe, une clé qui, par son décryptage, t'ouvre au pouvoir de l'imagination. Le sigil est ta signature magique.

## **Intention héroïque :**
## « Je confie mes intentions à l'univers. »

## **Action :** La signature magique du héros

Maintenant que tu as appris ce qu'est un sigil, je te propose une petite initiation à la magie. Tu vas créer le tien, celui que tu vas offrir à ton héros, plus exactement. Pour cela, tu vas lui demander de réfléchir à ce qui lui tient le plus à cœur. Que souhaite-il le plus au monde ? Bref, formule avec lui une intention. Une fois que tu l'auras bien en tête, ouvre ton carnet et écris-la en lettres majuscules. Par exemple : JE VEUX DEVENIR L'AUTEUR DE MA VIE. Quand tu exprimes un souhait, rédige-le au présent et à l'affirmative. Ne parle pas à ton inconscient avec une formule négative, ça l'embrouille. Pas de « je ne veux plus faire de fautes d'orthographe » mais plutôt « je suis brillant en orthographe » ou « je suis un génie en grammaire », comme tu préfères. Utilise aussi la forme directe comme si ton vœu était déjà exaucé. Ce qui donne :

JE SUIS L'AUTEUR DE MA VIE.

Écris à nouveau ton intention en retirant les lettres en double :

JE SUI L'ATER D M V.

Ensuite sans les voyelles :

J S L T R D M V.

Pour finir, rassemble les lettres restantes en une représentation graphique personnelle et créative.

Une fois que tu as créé ton sigil dans ton carnet, trace un rond pour l'encercler. Tu peux alors le dessiner partout où tu le désires, en haut de ton papier à lettres, sur tes cartes de visite… Dès que tu éprouves une émotion de bien-être, jette un œil sur lui, il est le sceau qui t'unit à ton héros, le symbole qui te rappelle son intention chaque fois que tu poses le regard dessus. Je te dirai plus tard, lors d'un autre exercice, ce que tu devras faire avec ton sigil. 20 minutes pour créer la signature magique de ton héros. « Abracadabra ! »… Pardon : « BRCD ! »

Je crée un sigil, le sceau qui m'unit à mon héros :

………………………………………………………………………

* Sans les lettres doubles : ……………………………
* Sans les voyelles : ……………………………………
* Ma représentation graphique :

## **Réflexion :** Ta danse chamanique

Le mot *chamane* (ou *chaman*) vient de la racine altaïque *sam* qui signifie « bouger en remuant les membres postérieurs ». *Saman* en langue evenki veut dire « danser, bouger, bondir ». En transe, le chamane peut se mouvoir comme un animal. Le chamanisme prend sa source dans les sociétés traditionnelles sibériennes. La pensée chamanique s'est étendue avec ces peuples de la Baltique à l'Extrême-Orient mais a certainement emprunté aussi le détroit de Béring avec ceux qui allaient devenir les premiers Amérindiens. Le personnage du mentor est souvent lié avec celui du chamane. Guérisseur, intermédiaire entre les hommes et les esprits de la nature, ce dernier a une vision holistique du monde. Tout comme le mentor qui guide le héros à travers son voyage, le chaman guide son peuple, sa tribu, à travers la vie. Il est un visionnaire qui voyage dans d'autres mondes où il collecte des informations qui soulageront ou guériront la tribu de ses maux. Comme le chamane, le mentor peut aider le héros à développer sa vision de l'avenir, la vision de sa mission de vie.

**Intention héroïque :**
« Je rencontre mon animal totem
et écoute son enseignement. »

## **Action :**
## Quand le héros danse avec son animal totem

Aujourd'hui, je te propose de réveiller le chaman qui est en toi. Nul besoin de tambour ou de coiffe indienne, ton carnet, ton stylo… et tes deux jambes suffiront. Je vais te demander de tourner une dizaine de fois sur toi-même dans le sens des aiguilles d'une montre. Oui, tu vas faire la toupie comme un derviche tourneur. Dès que tu sentiras un léger vertige t'envahir, assieds-toi le dos bien droit, ton carnet et ton stylo à portée de main, et ferme les yeux en respirant amplement. Tandis que la sensation de vertige se dissipe, appelle ton animal totem. La vision de celui-ci devrait aussitôt surgir dans ton esprit. La première vision est toujours juste. Si aucune ne te vient, choisis un animal qui « te parle le plus ». Écris son nom sur ton carnet. Puis écoute ce qu'il a à dire à ton héros intérieur et retranscris ses paroles. Il se peut que l'animal n'ait rien à dire, contente-toi alors de le décrire **au présent**. Est-il menaçant ? Est-il craintif ? Se laisse-t-il approcher, apprivoiser ? Quelles sensations, quels sentiments éprouves-tu devant lui ? Prêt à danser avec les loups ?

Mon animal totem est ..................................................................

## **Réflexion :**
## Continue à chercher, tu trouveras

Bien que le voyage du héros soit une démarche personnelle, ce n'est pas une raison pour que le héros la réalise seul et s'isole. Il doit être ouvert et prêt à recevoir des soutiens. Tu as vu que le mentor était là pour ça. Mais trouver des mentors nécessite de rester ouvert. Au cours des nouvelles étapes et de tes nouvelles expériences qui t'amèneront au-delà de ta zone de confort, vers un monde extra-ordinaire, complètement nouveau pour toi, il se peut que tu ne reconnaisses pas tout de suite les mentors qui te guideront dans le futur. Ceux-ci peuvent parfois émerger de lieux surprenants, inattendus. Cela peut être la phrase d'un inconnu dans le bus ou au café qui résonne soudain en toi, ou cette affiche pour une marque de sport que tu vois à chaque coin de rue et qui te dit « *Just do it !* ». Alors qu'attends-tu pour faire ce qui te tient à cœur ? Les signes sont aussi des mentors qui te guident et répondent à ton questionnement du moment.

## **Intention héroïque :**
## « Je remarque les signes qui se présentent à moi. »

## **Action :**
## Le héros à la recherche des signes

Aujourd'hui, tu vas faire le point avec ton héros sur ses interrogations et ses questionnements au sujet de son futur et de ses projets. Établis avec lui la liste des questions qu'il se pose mais n'y réponds pas tout de suite : emporte ton carnet avec toi. Au cours de ta journée, je te demande de noter tous les signes qui répondent aux questionnements de ton héros. S'il hésite, par exemple, à mettre fin à une relation et que les gros titres des journaux annoncent « la rupture » d'un couple people, c'est sans doute une réponse. Mais ne force rien, reste juste ouvert à ce qui t'entoure. Sois simplement présent. C'est dans le moment présent que s'engouffre l'éternité où tout est possible, où tout peut arriver. Un signe, une intuition ou l'apparition du mentor qui peut surgir aussi sous les traits de ton animal totem… Tout est possible !

Je dresse une liste de questions que se pose mon héros et je l'emporte avec moi pour y répondre au cours de la journée.

1. ..........

2. ..........

3. ..........

## Réflexion :
## Une formule magique qui te questionne

Dans les contes de fées comme dans les mythes, le héros reçoit souvent du mentor des objets qui lui permettront de mener à bien sa quête. Parfois il s'agit d'une formule magique à apprendre par cœur. Je vais te confier une formule magique qui te permettra de faire avancer ton héros plus facilement sur le chemin de sa quête. Il s'agit du « QQOQCCP », sept lettres pour se poser les bonnes questions : Qui ? Quoi ? Où ? Quand ? Comment ? Combien ? Pourquoi ? Chaque fois que tu souhaites obtenir une vision claire d'une situation dans laquelle se trouve ton héros ou élaborer un projet qui lui tient à cœur, tu répondras aux 7 lettres magiques. La dernière lettre, le P de Pourquoi, est essentielle. Posée après chacun de ces pronoms et adverbes interrogatifs, elle permet d'aller à la racine d'un événement. Avec ces 7 lettres à apprendre par cœur, tu pourras rédiger n'importe quel point de vue, n'importe quel compte rendu, sans oublier les informations nécessaires pour mener une bonne investigation.

**Intention héroïque :**
« Je me pose toujours
les bonnes questions. »

## **Action :**
## Questionner le héros sur l'objet de sa quête

Pour l'exercice d'aujourd'hui, je te propose de sélectionner un projet que ton héros souhaiterait réaliser le mieux possible. Celui de trouver un nouvel appartement, par exemple, ou de se mettre à une activité artistique ou sportive. Une fois que tu l'auras choisi, réponds à toutes les questions du QQOQCCP. Le fait d'expliquer le pourquoi du Qui, Quoi, Où, Quand, Comment, Combien, te permettra d'avoir une investigation complète du projet, d'aller à la source de la motivation de ton héros. Rédige tout cela **au présent** et à la **3e personne du singulier**, de façon claire et dans les moindres détails. L'enquête est ouverte. Pose les bonnes questions pour t'assurer des bonnes réponses.

Le projet de mon héros est...
Je réponds aux questions du QQOCCP.

* Qui : ...
* Quoi : ...
* Où : ...
* Quand : ...
* Comment : ...
* Combien : ...
* Pourquoi : ...

## **Réflexion :** Ton mythe personnel

Dans la Grèce antique, la vie et l'exploit des dieux de l'Olympe fascinaient les mortels. S'il n'existe plus une grande mythologie fédératrice qui inspire aujourd'hui le monde, le chemin ne serait-il pas de trouver son mythe personnel ? Sa quête héroïque personnelle ? Aller vers soi ? Qu'on le veuille ou non, nous sommes tous intérieurement dirigés par un mythe personnel. Une légende personnelle qui nous invite à partir à la recherche du trésor, de l'élixir de notre vie, ce fameux appel de l'aventure, comme je te l'ai expliqué précédemment. Si tu as la chance d'avoir un mentor qui te guide et t'encourage aujourd'hui à prendre les bonnes décisions pour ta vie, comme entrer dans ce nouveau groupe culturel, intégrer cet atelier artistique, te rapprocher de ce monde professionnel qui t'attire, etc., tu verras aussi surgir autour de toi le jugement des autres, la peur et la crainte de tes proches, avec ces « Tu n'y arriveras jamais ! » ou « Et comment vas-tu gagner de l'argent ? », « Mais c'est quoi, ce délire ? ». Fais bien attention, ces voix extérieures sont du poison qui peut anesthésier ton élan créateur, ton mythe personnel. Pour mieux mener le combat, n'oublie jamais que ton stylo et ton carnet sont tes meilleurs alliés et des armes redoutables pour repousser l'ennemi.

**Intention héroïque :**

« Je m'engage sur la voie de ma réalisation personnelle en restant sourd aux avis négatifs. »

## **Action :**
## Quand le héros offre son mythe personnel à l'univers

Aujourd'hui, je te propose de créer à nouveau un sigil représentant ton mythe personnel. Dessine-le sur une feuille volante, puis tiens-toi au-dessus d'un évier ou d'un lavabo et brûle-le. Oui, tu as bien lu : brûle-le ! Ton sigil ainsi consumé, ton intention a été transmise dans l'immatériel, au-delà de ton mental, dans l'esprit universel sans limite. Par cet acte magique, tu permets la réalisation de ton intention. Ton mythe personnel est en voie de réalisation, de matérialisation.

Prends ensuite ton carnet et dresse la liste des personnes qui ont tendance à saper le moral de ton héros ou qui sont vraiment toxiques à son égard. En écrivant **au présent,** essaie de comprendre pourquoi il continue à les fréquenter. Quelle nouvelle attitude peut-il adopter face à ces parasites qui s'abreuvent de son énergie ? Que dira-t-il à ces vampires la prochaine fois qu'il aura affaire à eux ? Vas-y, écris !

- Je crée le sigil de mon mythe personnel et je le brûle.
- Je dresse la liste des personnes qui épuisent le héros de mon histoire et sapent son moral.
- J'explique pourquoi mon héros continue à les fréquenter.

# ÉTAPE 5. LE PREMIER SEUIL DE L'AVENTURE

Le héros passe un « seuil », il entre dans un monde extraordinaire, il ne peut plus faire demi-tour. En avant, toute ! Devant cette cinquième étape, le héros arrive à un cap essentiel. Il a la possibilité de poursuivre l'aventure, malgré les épreuves douloureuses récentes, en s'investissant dans un projet d'envergure à la hauteur de qui il est vraiment. Cela peut être la création d'un blog, d'une entreprise ou la réalisation d'une œuvre d'art. Cette possibilité est inscrite dans sa destinée car elle correspond à sa véritable nature, à sa mission de vie. Une fois que sa décision est prise, c'est un point de non-retour que le héros vient de franchir. La réalisation de son projet est en marche, et il doit l'assumer.

Les exercices de l'étape 5 vont te conduire à t'engager dans le changement. Tu apprendras à t'ouvrir à l'inconnu. Tu te fixeras des buts de manière à réaliser ta mission de vie, à suivre le chemin de ton mythe personnel. Une nouvelle vision du monde et des autres s'ouvrira alors à tes yeux.

*Avant de te lancer dans cette nouvelle étape, relis ce que tu as rédigé au cours des exercices de l'étape 4.*

## **Réflexion :** Au-delà de tes frontières

Au cours de l'existence, nous sommes tous amenés à passer une frontière. Pas seulement une frontière territoriale entre un pays et un autre, mais également d'un état d'esprit à un autre. Comme le chante si bien Billy Joel dans « *New York State of Mind* », une ville peut facilement colorer notre état d'esprit, comme peut aussi le faire un lieu d'habitation, une profession ou une activité.

Tes pensées sont parfois de véritables obstacles et deviennent « limitantes ». Tu deviens ton propre garde-barrière, l'architecte des frontières que tu bâtis dans ton mental. Si tu fais le choix de rester cloisonné entre les murs de tes certitudes, rien ne bougera autour de toi. En revanche, si tu t'autorises à « passer la frontière » pour découvrir d'autres points de vue et de nouveaux horizons, les murs de ton vieil état d'esprit s'écrouleront soudain, et un monde nouveau s'ouvrira alors devant toi.

**Intention héroïque :**
« J'abandonne mes anciennes certitudes et m'ouvre à l'inconnu. »

## **Action :** Et le héros passe la frontière

Aujourd'hui, je te propose de demander à ton héros de raconter dans quelles circonstances son esprit s'est ouvert à un nouvel état. Quel était l'élément déclencheur ? Était-ce justement après avoir franchi la frontière d'un pays lointain ? En déménageant ? En faisant la rencontre d'un étranger ou d'une étrangère ? En lisant un livre qui lui a ouvert un autre univers ? Quand a-t-il senti qu'une frontière se frayait en lui ? Qu'est-ce qui a déclenché l'ébranlement, l'effondrement du mur de ses certitudes, de ses croyances ? Pour quelles raisons a-t-il changé radicalement d'état d'esprit ? En utilisant la **3e personne** et **le passé**, raconte comment ton héros a levé ses barrières et a ouvert ses frontières intérieures.

Mon héros a changé son point de vue et ouvert son esprit quand...

## ÉTAPE 5. EXERCICE 2

# **Réflexion :** Tes rites de passage

Un rite de passage marque publiquement la transition d'un état vers un autre. Pour qu'il y ait rite de passage, il faut d'abord qu'il y ait une cérémonie, des comportements symboliques. Sur le plan sociologique, le rite de passage détermine un statut. La société impose souvent que le statut d'un individu soit rendu public (d'où le côté parfois contraignant du rite de passage qui peut être l'enregistrement d'une naissance, la déclaration d'un décès, la publication des bans, les statuts d'une nouvelle société au *Journal officiel*, etc.). Au plan psychologique, le rite de passage a pour fonction d'aider, de sécuriser l'individu à des moments cruciaux de son existence, lors de bouleversements psychophysiologiques comme la puberté, l'accouchement, le divorce, la retraite… Il permet de surmonter l'appréhension de la nouveauté, la peur de l'inconnu, toujours perçus comme dangereux. Mais un rite de passage n'est pas seulement un cocon protecteur, il peut être aussi initiatique, source de métamorphose psychique, de transformation profonde de la personnalité. Dans toutes les cultures et à toutes les époques, le schéma fondamental du rite de passage est celui de la renaissance, c'est-à-dire de mourir à une situation pour renaître à une autre.

Lorsque tu traverses de grands changements, que tu passes d'un monde connu à un autre, inconnu, tu as besoin durant ces périodes de transition de trouver de nouveaux repères. C'est le moment idéal pour te créer un ensemble de rituels qui te permettront de te connecter à un nouveau statut, à un nouveau moi.

## **Intention héroïque :**
## « Je trouve mes rituels quotidiens pour bien vivre chaque journée. »

## **Action :** Quand le héros va à son rite

Afin que ton héros intérieur se sente à l'aise dans son nouveau monde et dans ses baskets, je te propose aujourd'hui d'établir avec lui une liste de rituels quotidiens qui l'aideront dans sa nouvelle vie. Une série de 5 rituels quotidiens que tu formuleras avec soin dans ton carnet et que tu matérialiseras aussitôt dans ta vie, et qui te feront du bien au corps et à l'âme. Cela peut être, par exemple, méditer quelques minutes matin et soir, boire des jus de fruits et de légumes frais, prendre un bain avec quelques gouttes d'huile essentielle, marcher une demi-heure par jour, etc. Je laisse à l'auteur imaginatif que tu es trouver ces 5 rituels qui rythmeront dorénavant ta journée.

Je dresse la liste de mes 5 nouveaux rituels quotidiens :

1. ..................................................
2. ..................................................
3. ..................................................
4. ..................................................
5. ..................................................

## **Réflexion :** Ton passage de la porte

Une image symbolique et universelle du passage du seuil est celle de la porte. Selon le genre du récit, elle peut être représentée de différentes manières : par une ouverture dans un arbre dans les contes de fées, un portail high-tech dans les œuvres de science-fiction, un pont-levis dans les romans chevaleresques, etc. Cette porte qui s'ouvre devant le héros conduit toujours à l'inexploré.

Quand une situation n'est plus tenable, il nous arrive parfois de prendre… la porte, ou de se faire mettre… à la porte. Il nous arrive aussi de « sortir de nos gonds ». Autant d'expressions qui nous indiquent que nous sommes arrivés au niveau du seuil. La porte est devant nous, on ne peut plus reculer, elle doit être franchie, même si de l'autre côté on ignore ce qui nous attend, ce que l'avenir nous réserve. Le fait de prendre la porte aura forcément des conséquences sur ton futur. Si la situation dans laquelle tu te trouves aujourd'hui n'est plus supportable, que tu te sens tel un esclave par rapport à un système, plus en phase dans une relation… il faut qu'une porte s'ouvre.

**Intention héroïque :**
« En quittant une situation qui ne me convient plus, je m'ouvre au changement. »

## **Action :**
## Le jour où le héros prend la porte

Aujourd'hui, j'aimerais que ton héros raconte la fois où il a tourné les talons et pris la porte ou a été mis à la porte (de son lycée, de son travail, d'une boîte de nuit, d'un bar, de chez quelqu'un, etc.). Qu'est-ce qui l'a conduit derrière cette porte ? Comment a-t-il vécu ce passage ? Était-ce une libération ? Un soulagement ? S'est-il senti coupable ? A-t-il cherché inconsciemment à prendre le large ?

Puis demande à ton héros intérieur s'il se sent actuellement coincé dans une situation. La meilleure solution ne serait-elle pas de prendre la porte de la sortie ? En utilisant le **je** et **le présent**, à toi d'imaginer ce que ton héros trouvera derrière cette porte qui s'ouvre.

Mon héros s'est retrouvé à la porte/a pris la porte quand ..................................................................

..................................................................................................

Mon héros m'explique sa décision de sortir d'une situation désagréable : « En sortant de cette situation, je me libère de ..................................

..................................................................................................»

## **Réflexion :** Les métaphores de ton récit

Une métaphore est une analogie. L'auteur d'une métaphore trouve un rapport entre deux choses qu'il estime similaires. Cette interprétation personnelle nous éclaire sur ce qu'il voit, entend, sent et ressent au travers de son prisme intérieur. L'origine grecque du mot, *metaphora,* signifie « transposition », « transfert de sens », « transport ». La réalité n'est pas telle que nous la voyons mais le récit de celle que nous nous racontons, un récit qui métamorphose l'extérieur, l'harmonise, le « syntonise » selon nos sens et notre humeur intérieure. Chaque individu est seul à pouvoir créer le récit de sa réalité et seul à pouvoir en découvrir le sens.

Tu arrives à un stade du voyage du héros où tu commences à prendre conscience de ton récit intérieur vis-à-vis de la réalité extérieure. Fini le pilotage automatique de ta vie ordinaire ! Ta vision du monde se métamorphose, ton récit intérieur devient celui d'un créateur, d'un auteur, plus profond et cohérent. Avec ce regard nouveau porté sur toi-même, sur ton parcours, tu peux envisager ton avenir avec une conscience accrue de tes qualités. Ton récit intérieur crée un nouveau sens à ta vie, et tu vas de métamorphose en métamorphose, qui te guident sur le chemin de ton mythe personnel.

**Intention héroïque :**
« Je suis conscient que le regard que je pose à l'extérieur reflète mon récit intérieur. »

## **Action :** Le récit intérieur du héros

Aujourd'hui, je te propose d'emporter ton carnet avec toi. Tu vas diviser tes 20 minutes d'écriture en 10 fois 2 minutes. Comme dans le livre de Virginia Woolf, *Mrs Dalloway,* qui décrit la journée d'une Londonienne que le carillon de Big Ben marque à chacune de ses heures, tu vas demander à ton héros de livrer, lui aussi, **à chaque passage d'une nouvelle heure**, son récit intérieur, ce qu'il ressent à cet instant. En utilisant la **3e personne du singulier**, écris **au présent** le ressenti de ton héros face à l'extérieur et **transpose son récit intérieur** en employant si possible **des métaphores**. Tu pourras intituler l'exercice de cette étape : « Les heures », titre que Virginia Woolf avait initialement choisi pour le récit intérieur et intemporel de Mrs Dalloway.

J'écris au cours de cette journée les différents ressentis de mon héros.
– 8 h : Ce matin, mon héros se sent…
– 9 h : Il pense que…
– 10 h : Il a l'impression que…
etc.

## ÉTAPE 5. EXERCICE 5

# **Réflexion :** Tes figures archétypales

Dans les mythes comme dans les contes, on trouve au travers du héros et des personnages qui l'entourent de nombreuses figures archétypales. Ces archétypes qui soutiennent les êtres humains dans leur croissance sont toujours présents dans l'inconscient collectif, ils existent sous forme d'énergie dans le psychisme individuel humain. Nous les rencontrons dans notre monde intérieur, dans nos rêves ou à travers l'art et nos forces créatrices. Chacun d'eux définit un ensemble de caractéristiques liées à des valeurs et des croyances spécifiques. Ces modèles soutiennent tes capacités à faire de nouveaux apprentissages et t'invitent à identifier le rôle que tu joues inconsciemment face aux autres et celui que les autres jouent face à toi. Si les archétypes sont très nombreux, je t'en livre ici 6 que Carol Pearson a décrits dans son ouvrage *Le Héros intérieur*.

**L'innocent :** À ses yeux, la vie est douce et tous ses besoins sont comblés dans une ambiance de soins et d'amour. Pour les innocents, le monde n'existe que pour leur satisfaction. Ils entretiennent la conviction que tout leur entourage doit contribuer à leur rendre la vie paradisiaque, et pour cela ils peuvent détruire, même ceux qui les aideraient à avancer. Sans états d'âme, ils se serviront des autres pour satisfaire leurs pulsions. Ils ne se posent pas de questions jusqu'à ce qu'ils soient obligés de regarder la réalité en face. Refuser l'existence des « dragons » leur permet de vivre dans un état de grâce qui précède la chute du paradis de la petite enfance. Si c'est un état naturel chez l'enfant, il devient une négation de la réalité chez l'adulte. L'innocent est au fond un ignorant qui malgré lui recherche la connaissance.

**L'orphelin :** Il recherche la sécurité avant tout et a très peur d'être abandonné. Il se positionne en victime, obligé de vivre dans un environnement hostile sans en avoir la force, ni les capacités. Son impression d'impuissance le pousse à chercher celui qui prendra soin de lui. Il ne maîtrise pas ses émotions, qui sont parfois paralysantes, et sa seule manière d'affronter la condition humaine reste l'évasion dans le travail, la consommation ou même l'addiction. L'orphelin cherche des gratifications immédiates dans la vie. Il lui faut pourtant vaincre la négation de la réalité pour apprendre que la souffrance, la douleur, les épreuves et la mort font inévitablement partie de la vie.
**Le martyr :** Persécuté par le dragon de la souffrance, il cherche à l'apaiser en se sacrifiant pour sauver les autres. Il peut tomber dans les excès, par sa croyance qu'il lui faut tout donner, et il peut basculer dans le déni de soi. Ses émotions sont réprimées pour ne pas blesser autrui. Il considère que le travail doit être dur, désagréable, et mis au service des autres. Pour lui, il y a plus de vertu dans le don que dans la réception. Le martyr cherche à résoudre le conflit entre la recherche du « bien » et l'évitement du « mal », et sa pire peur est d'être traité d'égoïste. Il ignore qu'il y a un bénéfice à parfois dire non : le fait de se sentir libre. Telle est la tâche du martyr : être capable de donner de façon libre sans avoir peur de dire non.
**Le guerrier :** Il s'applique à être fort et à éviter la faiblesse, l'incompétence et la passivité. Il veut changer son environnement afin que celui-ci se conforme à ses valeurs. Comme il cherche à avoir une influence sur le monde, il peut s'entourer de faibles. Il revendique le droit de trouver des solutions à tous les problèmes. Il lutte pour changer le monde à son image, par la force et la volonté. Il aime la compétition. Pour exercer plus de domination il contrôle ses émotions. Il lui faut trouver la juste mesure, et sa tâche est d'avoir plus

d'assurance, de confiance, de courage et de respect de soi et des autres, pour devenir plus authentique avec lui-même et avec son entourage. Le guerrier ne craint pas d'affronter le dragon de la peur et il peut se battre pour ce qu'il croit, en dépit des risques encourus.

**Le vagabond :** Cet archétype cherche avant tout la liberté, l'indépendance et l'autonomie. Craignant le conformisme, il marche souvent hors des sentiers battus. Il aime explorer seul de nouvelles idées, et assume ses émotions. Il acquiert souvent son identité par le refus des normes. Pour le vagabond, la vie est une aventure, qu'il vit dans le monde ou à l'intérieur de lui-même. Il lui faut toutefois affronter son « dragon » de la solitude, et il doit dépasser cette peur de son inaptitude à vivre isolé. Il doit entreprendre la tâche de se retrouver lui-même, et décider de découvrir qui il est et ce qu'il veut pour réaliser sa vocation.

**Le magicien :** Il recherche l'authenticité, l'équilibre, et attire à lui ce dont il a besoin selon les lois de la synchronicité. Vivre en conscience est son but principal. Il sait que le monde extérieur est le reflet du monde intérieur. Il refuse d'être dépendant des autres. Il accepte l'ombre du dragon et sait comment la transformer en lumière. Il a dépassé les notions de « bien » et du « mal ». Il sait apprécier les différences et s'en enrichir par des relations égalitaires et respectueuses. Il a pacifié ses émotions et il s'autorise à les exprimer, comme de comprendre celles des autres. Il vit et travaille selon sa vraie vocation, et reste confiant, sachant que ses besoins seront satisfaits. Il sait vivre dans la joie, l'abondance, la foi et la fidélité à sa sagesse intérieure.

Il est rare de ne vivre que sous l'influence d'un seul archétype. Tu peux en trouver plusieurs en toi. Pour l'auteur que tu es, il est utile de reconnaître tes archétypes, de les réconcilier, et d'éviter de projeter un modèle archétypal sur les autres. Sinon, gouverné par un archétype particulier, on a tendance à rejeter les autres ou à se plaindre de l'incompréhension qui en résulte. L'innocent ou l'orphelin chercheront l'aide du martyr, l'assurance du guerrier leur apparaîtra comme de l'insensibilité, l'indépendance du vagabond, de l'égoïsme ou de l'indifférence, et enfin la sagesse du magicien sera à leurs yeux incomprise ou considérée comme bizarre.

**Intention héroïque :**
« Je prends conscience du rôle archétypal que je joue face à certaines situations dans ma vie. »

## **Action :** Le héros face à son archétype

Dans quelle figure, aujourd'hui, ton héros se reconnaît-il le plus ? Est-il passé d'une figure à une autre ? Ces archétypes apparaissent-ils dans le comportement de son proche entourage ? Qui joue le rôle de martyr ? De guerrier ? De magicien ? Comment ton héros agit-il dans les rêves qu'il fait ? Change-t-il de rôle ? Est-ce l'image du vagabond qui lui apparaît ou celle de l'innocent ? En utilisant le **je** et **le présent**, choisis l'image archétypale qui reflète le mieux son comportement. Explique pourquoi en racontant des faits récents.

L'archétype qui me correspond le mieux…

## **Réflexion :** Ta chasse aux répétitions

Il nous arrive aussi dans la vie de rejouer les mêmes schémas de pensée émotionnels et comportements répétitifs. Un schéma répétitif est une situation qui se reproduit systématiquement dans la vie. Nous semblons toujours attirer la même chose dans un domaine précis : avec nos amours, nos amis, notre travail, notre rapport à l'argent… Pour en finir avec ces modes de fonctionnement récurrents qui nous freinent, il est nécessaire, dans un premier temps, d'apprendre à les repérer, les reconnaître, les étudier, les examiner afin de comprendre comment ils agissent en nous.

En observant cette discipline, tu pourras t'affranchir de tes identifications passées, transformer le regard que tu poses sur le monde et sortir de tes anciennes habitudes et de ton enfermement.

**Intention héroïque :**
« Je prends conscience de mes schémas répétitifs et m'en libère. »

## Action :
## Les comportements répétitifs du héros

Aujourd'hui, avant d'ouvrir ton carnet, je te propose de prendre aussi une douche en toute « conscience » pour te nettoyer le corps et l'esprit. Lorsque tu seras sous l'eau, détendu, prends conscience des schémas répétitifs de ton héros. Depuis que tu as commencé à l'accompagner dans ce voyage, tu as repéré certains de ses travers et mauvaises habitudes. Laisse couler l'eau sur ton corps et imagine qu'elle nettoie aussi les schémas répétitifs dont tu as du mal à te débarrasser. Puis, une fois que tu te seras douché, séché, habille-toi en blanc. Porter un vêtement blanc t'aidera à initier la transformation intérieure de ton héros. Ouvre ton carnet et liste tous les comportements répétitifs dont tu souhaites qu'il se débarrasse. En face de chaque schéma, imagine ce que ton héros pourrait trouver comme autre comportement. Au fur et à mesure que tu remplaceras une habitude qui l'emprisonne par une action qui le libère, tu te sentiras beaucoup plus léger.

Je dresse la liste des comportements répétitifs de mon héros et trouve une solution adéquate pour le libérer de chaque schéma.
→ Exemple : Il mange trop = Il prend le temps de mâcher et mange en toute conscience.

..........................................................................................

..........................................................................................

## **Réflexion :** Ta règle en or

L'éthique de réciprocité est appelée aussi « règle d'or ». C'est une règle morale dont le principe fondamental est énoncé dans presque toutes les cultures et les religions comme le fait par exemple, dans l'enseignement du Christ, le logos : « Ne fais pas à autrui ce que tu ne veux pas qu'on te fasse. » Cette préoccupation, intimement liée au développement de l'humanité depuis ses origines, passe aussi par le développement individuel de chacun. S'il est souhaitable de ne pas blesser l'autre, il est tout aussi important de ne pas se blesser soi-même. L'expérience apprend que les actes blessants pour autrui le sont aussi pour soi. Pour être tendre avec les autres, il est essentiel de l'être aussi avec soi-même. Quand on s'autorise à être bienveillant envers soi-même, il est plus aisé de l'être envers les autres. Pour beaucoup d'entre nous, il est parfois difficile de s'aimer et de se prendre avec tendresse. Surtout si, durant notre enfance, nous n'avons pas bénéficié de tous les éloges mérités. Quelle pensée peut traverser l'esprit d'un enfant alors qu'il vient de décrocher un prix devant l'attitude sévère de ses parents qui lui disent de ne pas se reposer sur ses lauriers ou devant le sarcasme d'un professeur qui le traite toujours de bon à rien ? Autant d'attitudes assassines qui nous meurtrissent, cassent notre confiance, nous rabaissent et nous rendent durs envers nous-mêmes. Pour certains, s'aimer est un véritable apprentissage. Pour apprendre à t'aimer, il faut d'abord te faire du bien, ressentir de la tendresse à ton égard, réassurer ton enfant intérieur, le complimenter, passer du temps avec lui.

## Intention héroïque :
## « J'arrête de me critiquer et me prends avec douceur. »

## **Action :** Aimer ton héros est une règle

Aujourd'hui, tu vas revisiter l'enfance de ton héros et imaginer ce qu'il aurait aimé entendre de la part de ses parents ou de ses éducateurs. Quelles auraient été les louanges méritées, les encouragements ? Une fois que tu auras fait parler ses parents, ses proches à la **1re personne** et **au présent**, félicite ton héros à ton tour, dis-lui combien tu l'aimes et l'admires. Puis dresse avec lui une liste de récompenses et de cadeaux qui lui feront vraiment plaisir. Une fois que tu auras rédigé cette liste, tu n'auras plus qu'à passer à l'acte : t'offrir un cadeau dès que tu le mérites.

Mon héros aurait aimé qu'on lui dise : « Tu es formidable parce que .......................................................... »

.....................................................................................................

Je dresse une liste de cadeaux pour récompenser mon héros : ..........................................................

.....................................................................................................

.....................................................................................................

# ÉTAPE 6. LES ÉPREUVES, RENCONTRE DES ALLIÉS ET DES ENNEMIS

À cette étape, le héros arrive au cœur de l'histoire. Les actions s'enchaînent et il rencontre des alliés mais aussi des ennemis. Le voilà engagé maintenant dans la réalisation d'un projet majeur de sa vie. Il va être confronté à l'adversité. Il peut, par exemple, avoir à faire face à des problèmes d'argent ou à une rupture sentimentale. Le défi de cette période est de tenir le cap en puisant dans ses ressources intérieures : courage, confiance en soi, lâcher-prise, écoute de son énergie. Le héros découvre sur qui il peut vraiment compter, qui est là pour l'aider. Il doit avoir le courage de se positionner en restant intègre à lui-même, à ses valeurs. C'est une phase de transition qui commence. Progressivement, sa nouvelle vie prend forme mais cela ne se fait pas du jour au lendemain. C'est une période profondément instable. À travers ses relations, le héros se confronte à ses limites et ses faiblesses. Certaines rencontres et épreuves lui révéleront parfois son immaturité et d'autres aspects qu'il est temps de transformer en lui. Mais c'est une phase qui révèle aussi ses grandes qualités, ses talents et sa force intérieure. Il semble passer par des montagnes russes durant cette période intense, mais ce sentiment est souvent nécessaire car il engendre un désir de stabilité et amène le héros à chercher un nouvel équilibre où la paix et l'unité intérieures seront plus présentes.

Les exercices de l'étape 6 vont t'apporter une meilleure écoute de toi et des autres. Tu apprendras à être plus attentif au monde extérieur en développant une plus grande sensibilité. Tu chercheras à être fidèle aux autres ainsi qu'à toi-même.

*Avant de te lancer dans cette nouvelle étape, relis ce que tu as rédigé au cours des exercices de l'étape 5.*

## **Réflexion :** Tes liens d'amitié

Le mot *amistet* voit le jour au XIe siècle. Après quelques variantes, il devient le mot *amitié* à la fin du XVIe siècle. Aujourd'hui, l'amitié est devenue une valeur refuge dans un monde qui l'est de moins en moins. C'est le premier lien qui apparaît, aussitôt après le lien familial et avant la relation amoureuse. L'amitié est aussi une relation exigeante qui peut parfois entraîner des ruptures particulièrement radicales.

En sortant de ton isolement, en exerçant une nouvelle activité, en changeant de lieu ou tes habitudes de vie, tu es amené à nouer de nouvelles amitiés. Créer des liens fait partie du voyage du héros. En découvrant un monde inconnu, tu rencontres des inconnus. Il ne tient qu'à toi d'aller vers eux et de t'en faire des amis. Lors d'une rencontre avec une nouvelle personne, tu as naturellement besoin d'un temps d'adaptation afin de comprendre à qui tu as affaire et si tu peux lui faire confiance. Évaluer le caractère d'autrui en toute objectivité n'est pas toujours simple. Toutefois, le fait que tu sois l'auteur de ta vie, que tu t'appliques à écrire tous les jours dans ce carnet, devrait t'aider à te faire une opinion sur la personnalité des nouveaux amis de ton héros.

**Intention héroïque :**
« Je suis attentif aux autres
et m'intéresse à leur vie. »

## **Action :** Quand le héros fiche ses amis

Pour ce nouvel exercice, je te propose, aujourd'hui, d'adopter la méthode qu'utilisent de nombreux scénaristes et écrivains. Tu vas créer des fiches personnage. Le modèle ci-dessous permettra à ton héros à chaque nouvelle rencontre de mieux cerner un ami potentiel. L'exercice est également utile pour faire le point sur ses amis de longue date. Pour répondre aux figures archétypales, relis les descriptions données à l'exercice 4 de l'étape 6.

**Fiche personnage**

Nom :
Prénom(s) :
Surnom(s) :
Date et lieu de naissance :
Genre :
Race :

**Apparence physique**

Morphologie (corps, visage) :
Couleur de la peau :
Yeux (forme, couleur) ;
Chevelure (type de cheveux, couleur, coupe) :
Modification(s) corporelle(s) (piercing, tatouages, cicatrices) :
Style vestimentaire :
Dans la vie de tous les jours :
Au travail :
Bijou(x) porté(s) :
Autre(s) objet(s) toujours porté(s) :
Autre(s) :

**Caractère/goûts/aspirations**

Adjectifs qui viennent tout de suite :

Talent(s) :

Tic(s) de langage :

Gestuelle :

Sa (ses) peur(s) la (les) plus profonde(s) :

**Motivation(s)**

Frein(s) à ses actions :

Plus grande force :

Plus grande faiblesse :

Autre(s) :

Figure archétypale : ☐ innocent ☐ orphelin ☐ martyr ☐ guerrier ☐ vagabond ☐ magicien

**Goûts**

Passion(s) :

Livres :

Musiques :

Films/séries :

Magazines :

Goûts gastronomiques particuliers :

Activité(s) artistique(s) :

Sport(s) :

Lieu(x) favori(s) :

## **Réflexion :** Tes peurs primaires

Pour Carl Jung, l'*animus* est, chez la femme, sa part inconsciente masculine, tandis que l'*anima*, chez l'homme, sa part inconsciente féminine. Tout animus comme tout anima présente un aspect négatif et positif. Dans les contes de fées, sorcières et dragons, ogres et ogresses sont souvent des représentations de l'animus et l'anima négatifs, sauf que ces parts inconscientes possèdent un réel corps physique, souvent monstrueux, pour s'opposer au héros de l'histoire, voire le détruire. Ces vilains personnages dont les enfants raffolent dans les dessins animés représentent aussi nos peurs et nos phobies. Ces peurs primaires font appel à des craintes ancestrales. Face à une situation de danger, la peur est une réponse adaptée. Notre cerveau est programmé pour la survie. La phobie des serpents, des araignées ou de la hauteur fait partie des plus anciennes peurs des hominidés. Pour eux, tous ces dangers étaient synonymes de mort. La peur fait partie intégrante du processus de préservation de l'individu.

## **Intention héroïque :**

« Je prends conscience de ma part d'ombre sans en avoir peur. »

## **Action :** Le héros face à ses peurs

Aujourd'hui, tu vas demander à ton héros d'avoir peur. Tu vas le mettre face à ses peurs ancestrales, à son anima ou animus négatif. Pour cela, tu vas t'allonger et fermer les yeux. Tu vas imaginer qu'il pénètre dans un souterrain qui le conduit dans les profondeurs de lui-même, dans ses zones d'ombre. Comme il y fait très sombre, il a pris soin de se munir d'une lampe torche, à l'aide de laquelle il va éclairer ses peurs et regarder à quoi elles ressemblent. Comment se présentent-elles ? Sous quel aspect ? Celui d'une araignée monstrueuse ? D'un vampire ? D'un ogre ? D'une sorcière ? D'un clown triste et livide ? D'un père Noël débraillé et menaçant ? À quelle bête noire ton héros a-t-il affaire ? Après avoir visualisé sa (ses) peur(s), retranscris aussitôt dans ton carnet cette descente aux pays des ombres. Tu es libre d'adopter le pronom personnel et le temps que tu veux, ainsi que le style qu'il te convient : journalistique, humoristique, dramatique, fantastique, féerique… Une fois ton récit terminé, pose-toi les questions suivantes : À qui, à quoi, à quand et où est rattachée la peur ancestrale de ton héros ? Quelle est son origine ? Quand a-t-elle pris forme ? Pourquoi est-elle née ? Allez, plonge dans le noir pour éclairer ton héros sur ses phobies ancestrales. Elles ne te font plus peur maintenant.

Je visualise les ombres de mon héros…
Puis je décris ses peurs…
Et j'essaie de trouver leur origine…

**ÉTAPE 6. EXERCICE 3**

## **Réflexion :** Ton désenchantement

Depuis que tu t'es lancé dans le voyage du héros, il se peut que tu déchantes, que tu aies le sentiment de traverser un tunnel au bout duquel tu ne vois pas encore la lumière. Tu te demandes si cela vaut la peine de continuer n'ayant aucune certitude quant à tes chances de réussite dans l'objectif que tu t'es fixé. Tu te mets soudain à douter, à envisager de faire demi-tour, à regretter ton monde connu et ordinaire, ta zone de confort, à vouloir reprendre tes habitudes passées. Dans cette période de transition, la seule chose que tu dois te dire, c'est « Défense de regarder en arrière ». On ne peut pas avancer en ayant encore un pied dans le passé. Oui, la vie de ton héros, aujourd'hui, commence avec toi ! Et au présent. Tu as fait désormais le point sur tes souffrances passées, elles n'ont plus d'adhérence, les chapitres de ta vie d'avant sont classés. Quand le passé ne te hante plus, tu peux vivre l'instant présent dans sa totalité, et c'est dans cet instant d'éternité que se meurt le passé et naît l'avenir. Marcher vers l'avenir, c'est être vivant. Et s'il t'arrive parfois de tomber, il y aura toujours une main secourable pour t'aider à te relever et à avancer.

**Intention héroïque :**
« Je regarde l'avenir du bon côté
et avec sérénité. »

## **Action :**
## L'avenir de ton héros en chantant

Aujourd'hui, tu vas aider ton héros à se relever et à avancer en lui composant une chanson qui parle de son avenir, de ses joies et succès futurs. Le fait d'écrire les paroles positives d'une chanson sur une musique inspirante que tu aimes boostera ton énergie et t'apportera aussitôt un état de bien-être. Une fois que tu auras écrit les paroles, tu peux chanter ta chanson à tue-tête à ton héros. C'est prouvé : grâce à ses vibrations qui influent sur notre état physique et émotionnel, le chant donne la pêche. Allez, envoie la musique pour voir l'avenir du bon côté !

Sur une musique inspirante, j'écris et je chante une chanson pour remonter le moral à mon héros.

..............................................................................................

..............................................................................................

## **Réflexion :** Prépare ton cœur à l'amour

Cœur palpitant sur un petit nuage ? On a tous envie de vivre le grand amour, de tomber amoureux. Mais quand est-on prêt à tomber amoureux ? C'est souvent quand on s'y attend le moins que Cupidon décoche sa flèche, durant la traversée d'une période où justement l'urgence de tomber amoureux a disparu.

Un état sans pression permet de s'ouvrir aux autres plus facilement, ce qui va permettre LA bonne rencontre et plus si affinités. Quand l'angoisse inconsciente du rejet s'éloigne ou, à l'inverse, celle de l'engagement, les possibilités de rencontre s'ouvrent comme par enchantement. Dans bien des cas, le (la) partenaire idéal(e) est déjà dans ton entourage, dans ton cercle d'amis. Tant que le cœur n'est pas prêt à faire la bonne rencontre, l'ego, par peur ou par contrôle, te pousse à tenter des histoires d'amour impossibles ou sans lendemain.

Un peu comme le maître pour l'élève, seul le cœur sait quand il est prêt. Et cela peut arriver à 20 ans comme à 40, mais aussi à 70 ans ou plus.

**Intention héroïque :**
« Je rencontre la personne
qui me convient parfaitement. »

# Action :
## Quand le héros s'ouvre à l'amour

Aujourd'hui, je te propose d'avoir une petite discussion intime entre ton héros et toi. S'il est déjà avec quelqu'un, raconte sa rencontre avec sa moitié. S'y était-il préparé ? S'y attendait-il ? S'il est aujourd'hui encore ou de nouveau célibataire, demande-lui de dresser le portrait idéal de son âme sœur. Comment la voit-il ? Comment l'imagine-t-il ? Peut-être l'a-t-il déjà croisée ? Pourquoi souhaite-t-il trouver quelqu'un ? Quelles sont les raisons ? Par peur ? Par confort ? Pour combler sa solitude ? Demande-lui d'être honnête envers toi. Ton héros peut ouvrir son cœur et te faire confiance. N'est-ce pas toi l'auteur de sa vie ? Utilise le **je** et **le présent** pour coucher sur papier l'Amour avec un grand A. Puis oublie tout ce que tu auras écrit et laisse faire la vie et ton cœur te guider.

Mon héros a rencontré sa moitié quand ..................

..................................................................................

..................................................................................

..................................................................................

Mon héros dresse le portrait de son âme sœur.

« Je rencontre mon âme sœur ...................................

..................................................................................»

## **Réflexion :** Face à ton ennemi

Parfois, nous sommes confrontés à une personne antipathique, négative, nocive. Que nous soyons ou pas en sa présence, dès que nous y pensons, nous subissons la douleur de la situation et devenons le jouet des émotions que nous ressentons : colère, rancune, rancœur, esprit de vengeance. Nous sommes prisonniers de nos ressentis, et cela nous blesse. Si une personne arrive à nous mettre dans un état pareil, ce n'est jamais le fruit du hasard. La vie nous place devant de telles épreuves pour nous enseigner quelque chose.

Lorsque nous avons affaire à l'ennemi, nous devrions symboliquement le remercier pour ce qui nous arrive. Grâce à la situation que nous traversons en sa présence, face à ses paroles et son attitude, nous pouvons développer notre patience, notre persévérance, notre courage ou notre capacité à être tolérant. L'ennemi nous donne l'opportunité de changer. En se faisant le miroir de ce que nous ne voulons pas devenir, il nous permet de voir en face nos émotions négatives et de prendre de la distance avec celles-ci afin de ne pas lui ressembler.

La patience que nous devrons développer se transformera en une force qui nous aidera à être inébranlable à tout moment. En posant un regard différent sur celui ou celle qui te blesse, tu gagnes la bataille sur tes émotions négatives.

**Intention héroïque :**

« Face à l'ennemi, j'apprends à me maîtriser. »

## **Action :** Le meilleur ennemi du héros

Aujourd'hui, j'aimerais que tu songes à une personne (un(e) ex, un(e) collègue, une belle-mère…) qui a tendance à gâcher la vie de ton héros, bref, un véritable dragon qui l'énerve et qu'il déteste. Je t'invite donc à demander à ton héros d'expliquer en détail ce qu'il éprouve, d'analyser le fonctionnement de ses émotions conflictuelles vis-à-vis de cette personne. Ton héros se sent-il dominé par elle ? Comment entretient-il cette dépendance ? Rumine-t-il des reproches en boucle ? Que lui dit sa psyché, son miroir intérieur ? Est-ce de la haine qu'il ressent au fond de lui-même ? De la jalousie ? De la vengeance ? Une fois que tu auras retranscrit dans ton carnet tous les ressentis qu'il éprouve, prends une feuille blanche et demande-lui de te dicter une lettre, une lettre de remerciements adressée à son ennemi, lui expliquant pourquoi, grâce à lui, il va pouvoir changer et comment il a pu comprendre la source des émotions destructives qu'il éveille en lui. À la fin de cette lettre, demande à ton héros de trouver et de nommer au moins une qualité de son ennemi. Personne n'est tout noir ni tout blanc. Quand tu auras fini, brûle la lettre au-dessus de l'évier en demandant à l'univers infini de ramener la paix dans ton cœur.

- Mon héros fait part de ses ressentiments envers X : « X m'est insupportable parce que… »
- Mon héros écrit à X : « Mon très cher X, j'aimerais te remercier… »
- Mon héros trouve au moins une qualité à X : « X est remarquablement… »

## **Réflexion :** Les conflits de ton ego

La plupart du temps, l'ego se complaît dans les luttes de pouvoir. L'ego a l'art et la manière de tout transformer en conflit. Nous pouvons traiter et résoudre un conflit de façon beaucoup plus productive en renonçant au désir d'être celui qui a raison et en s'interrogeant sur les moyens à prendre pour faire en sorte que nos besoins soient comblés. Au lieu de consacrer de l'énergie à remporter une lutte de pouvoir, nous pouvons nous employer à cerner et résoudre les problèmes, établir une distinction entre les personnes et le problème. Cela ne signifie pas qu'il faille jeter l'éponge ou éviter une question juste pour assurer la paix, mais au lieu d'attaquer l'adversaire en donnant des coups, il est préférable de soulever le problème en lui parlant et en le questionnant sans toutefois chercher à le déstabiliser. Il faut savoir passer du jugement à la curiosité et de la certitude d'avoir raison à une attitude d'ouverture. Agir de cette manière, passer d'adversaire à partenaire, permet l'émergence de nouvelles possibilités créatrices pour résoudre *ensemble* le conflit, et même redéfinir la relation.

**Intention héroïque :**
« Je me mets à la place de l'autre pour le comprendre. »

## **Action :**
## Quand la raison du héros l'emporte sur le conflit

Aujourd'hui, ton héros va confier à ton carnet un conflit récent qu'il a vécu. Tu vas noter son témoignage, son point de vue sur la situation et ce qu'il a ressenti au fond de lui en utilisant le **je** et **le présent**. Puis tu vas demander à ton héros de se glisser dans la peau de son adversaire, du « vilain », et d'exposer à son tour son point de vue sur le conflit ainsi que ses ressentis, toujours en utilisant le je et le présent. Enfin, tu donneras la parole à une plante ou à un meuble témoin de la scène. Raconte de façon la plus objective possible le point de vue de cet objet. Cela peut être, par exemple, le lit de la chambre à coucher si ton héros traverse en ce moment une période conflictuelle avec sa moitié. Je suis sûr qu'en adoptant ces différents points de vue, ton héros trouvera avec son adversaire-partenaire une solution et qu'à eux deux ils auront raison du conflit. À toi de jouer et de redistribuer les rôles. Vite, en scène !

– Mon héros décrit le conflit qu'il a vécu avec X. « J'étais en face de X quand... »
– X décrit le conflit qu'il a vécu avec mon héros : « J'étais en face de ton héros quand... »
– Un objet décrit le conflit dont il a été témoin : « X et le héros se tenaient l'un en face de l'autre quand... »

## ÉTAPE 6. EXERCICE 7

### **Réflexion :** Être à l'écoute de ton ennui

Comme l'a si bien formulé John Eastwood, professeur de psychologie à l'Université York à Toronto (Ontario), « s'ennuyer, c'est avoir envie de faire une activité satisfaisante mais en être incapable ». On pourrait penser que l'ennui est un mal contemporain, né avec l'augmentation du temps libre et du divertissement, mais selon Peter Toohey, un historien spécialisé dans l'époque gréco-romaine, l'ennui a en fait une très longue histoire – sur les murs de Pompéi, il y a des graffitis en latin qui datent du Ier siècle. Mais aujourd'hui, on ne sait plus s'ennuyer comme il faut. Au quotidien, les nouvelles technologies, la télé, la radio, le travail et les loisirs nous stimulent à un tel point que, lorsque nous n'avons plus rien à faire, la panique prend le dessus. En cherchant constamment à tuer cet ennui qui nous fait peur, nous passons à côté de ses bienfaits. Car il est important de s'ennuyer pour reposer notre cerveau et laisser libre cours à nos pensées et à notre imagination. C'est d'ailleurs ce qu'a démontré une étude réalisée par deux chercheurs britanniques. Selon eux, les personnes qui accomplissent un travail ennuyeux, tel que recopier des numéros de téléphone, avant de passer à une activité créative réussissent mieux cette seconde tâche que celles qui se lancent directement dans l'exercice d'imagination. Pourquoi ? Parce que quand on est occupé à faire un travail purement automatique, on laisse la part de notre esprit créatif vagabonder et examiner par exemple des difficultés récemment rencontrées. C'est pour cette raison que de nombreux experts recommandent aux parents de laisser leurs enfants s'ennuyer de temps en temps plutôt que de les occuper constamment en les mettant devant une télé ou un ordinateur.

Dans le métro, dans la file d'attente de la supérette ou même pendant une réunion de travail barbante, as-tu toujours un œil sur ton smartphone ou ta tablette ? Dès qu'une demi-seconde d'inactivité se présente, profites-tu de l'occasion pour regarder tes messages ou ton compte FB ? À quand remonte la dernière fois où tu as oublié ton portable à la maison ? Es-tu retourné immédiatement chez toi, complètement paniqué, ou bien t'es-tu dit qu'une journée sans mobile te ferait le plus grand bien ?

**Intention héroïque :**
« Je suis à l'écoute de moi-même à chaque moment de pause ou d'ennui. »

## Action :
## Les messages d'ennui du héros

Aujourd'hui est un jour d'ennui. Tu vas te brosser les dents mais tu n'ouvriras pas ton carnet. Non, tu vas le mettre dans ton sac et l'emporter avec toi à la place de ton smartphone. Je t'entends me dire qu'aujourd'hui c'est impossible parce que tu as un tas de messages à envoyer, plein d'appels importants à recevoir, des tonnes d'e-mails à rédiger. Bon, OK, je veux bien. La seule chose que je te demande de faire alors, si tu décides de prendre ton portable avec toi, c'est de ne pas y jeter un œil dès que tu as un moment d'inactivité. À la place, tu ouvriras ton carnet et demanderas à ton héros ce qu'il éprouve durant ces minutes d'ennui. Tu fermeras les yeux et ressentiras ce qui se passe chez ton héros intérieur, puis tu écriras quelques mots à propos de son ennui. Tu ouvriras ton carnet et méditeras sur l'ennui chaque fois que l'envie de sortir ton smartphone te démange. Tu n'auras le droit d'ouvrir ce dernier que lorsqu'il sonne.

> J'interroge mon héros durant tous ses temps d'ennui ou d'attente : « À cet instant, mon héros ressent… »

# ÉTAPE 7. ACCÈS À LA CAVERNE OU LA TRAVERSÉE DES ILLUSIONS

Le héros atteint l'endroit le plus dangereux où l'objet de sa quête est caché. C'est le point d'orgue, le nœud de toute intrigue digne de ce nom. On appelle également cette étape « le passage du récif ». En effet, il n'existe que quelques endroits pour pénétrer dans un lagon et aller jusqu'à la plage. Ces passes sont parfois étroites, et pour parvenir au lagon il est nécessaire de s'y engager au bon moment et avec adresse. C'est une analogie qui représente parfaitement les difficultés et les pièges que le héros rencontre à cette période. S'y engager sans mesurer les dangers risque de l'amener à s'écorcher ou se blesser sur les récifs de corail, ce qui est d'autant plus dangereux que les requins attirés par le sang sont à l'affût !

Au cours des exercices de l'étape 7, tu chercheras à devenir de plus en plus conscient du moment présent. Tu apprendras le discernement en mettant fin au jugement et à la critique constante envers toi-même et les autres. Tu pourras alors reconnaître tes forces et tes faiblesses, maîtriser tes émotions et développer ton intégrité.

*Avant de te lancer dans cette nouvelle étape, relis ce que tu as rédigé au cours des exercices de l'étape 6.*

## **Réflexion :** Vivre ton présent

Vivre dans l'instant signifie simplement être présent. Présent à ce que tu vois, à ce que tu entends, à ce que tu ressens, présent à ce que la vie t'offre à chaque instant.

Lorsque tu découvres un lieu inconnu, une ville étrangère par exemple, tu as tendance à être plus présent à ce qui se passe autour de toi. Chaque individu appréhende l'extérieur avec le sens le plus développé en lui. Les personnes *visuelles* sont plus sensibles à ce qu'elles voient, aux images qui défilent devant elles ; celles qui sont *auditives* agissent comme un véritable magnétophone, elles enregistrent la musique environnante, les bruits, les sons et les paroles autour d'elles ; les *kinesthésiques*, quant à elles, ressemblent à des éponges : plus attirées par les choses physiques et manuelles, elles s'imprègnent des émotions des autres, ressentent davantage l'atmosphère ambiante que les personnes visuelles ou auditives.

**Intention héroïque :**
« Je fais attention à ce que je vois,
à ce que j'entends et à ce que
je ressens à chaque instant. »

## **Action :**
## L'éveil des sens du héros au présent

Aujourd'hui, tu vas t'interroger sur la personnalité sensitive de ton héros. Tu vas découvrir la façon dont il est lié à ses sens en observant comment il s'exprime. Carnet en main, tu vas l'emmener dans un lieu où tu n'as encore jamais mis les pieds mais que tu as envie de découvrir. Cela peut être un nouveau café, une boutique, un parc, une vieille rue secrète, un musée… À toi de choisir ce nouvel endroit branché, oublié, caché ou improbable, pour lui donner rendez-vous. Une fois sur place, ouvre ton carnet et note tout ce que ton héros te raconte sur ce lieu. Comment sont les gens autour de lui ? Que font-ils ? Que disent-ils ? Quel est le décor autour lui ? Comment le décrit-il ? Son récit est-il visuel, auditif ou kinesthésique ? À toi de choisir ce lieu inconnu où tu filmeras, enregistreras, ressentiras le récit de ton héros lié à ses sensations du moment présent.

Je décris ce que mon héros voit, entend et ressent :
« En entrant dans ce lieu surchauffé/coloré/bruyant, mon héros… »

## **Réflexion :** Ta caverne aux illusions

Dans l'allégorie de la caverne, Platon raconte que les humains sont enchaînés dans une grotte de sorte qu'ils ne peuvent voir que devant eux. La lumière extérieure qui passe par une ouverture située derrière les prisonniers projette leurs ombres ainsi que celle de certains objets sur les parois. Prenant ces projections pour la réalité, les humains restent ainsi prisonniers de leurs illusions, de leurs croyances, de leurs certitudes, de leurs préjugés.

Sortir de l'illusion, c'est ne plus adhérer aux suggestions mentales de l'ego et ne plus entrer en opposition avec le monde extérieur. Sortir de l'illusion, c'est retrouver l'harmonie intérieure et arrêter de croire que nous détenons la vérité alors qu'il n'en existe aucune qui ne soit déformée par notre ego, lequel cherche à avoir toujours raison. L'ego ne peut procurer qu'une confiance factice, construite sur des attributs précaires comme le pouvoir, le succès, la beauté et la force physique, le brio intellectuel et l'opinion d'autrui. Une confiance en soi digne de ce nom est tout autre. C'est, paradoxalement, une qualité naturelle de l'absence d'ego.

La confiance en soi qui ne repose pas sur l'ego est une liberté fondamentale qui n'est plus soumise aux contingences émotionnelles, une invulnérabilité face aux jugements d'autrui, une profonde acceptation intérieure des circonstances, quelles qu'elles soient. Cette liberté se traduit par un sentiment d'ouverture à tout ce qui se présente.

**Intention héroïque :**
« Je prends conscience de mes jugements et de mes illusions. »

## **Action :** L'illusion de l'ego du héros

Aujourd'hui, tu vas faire le tour de la caverne aux illusions de ton héros. Tu vas observer la façon dont agit son ego durant la journée. Tu vas à nouveau prendre ton carnet avec toi et l'ouvrir dès que tu surprendras l'ego de ton héros en train de se manifester. À chaque jugement, vantardise, préjugé, plainte ou critique émis, tu retranscriras les propos de ton héros en essayant d'analyser son comportement égotique. A-t-il dit cela par manque de confiance ? Par crainte ? S'est-il senti menacé ? Humilié ? Critiqué ? L'ego s'agite dans la caverne quand l'ombre lui fait peur. Maintenant que tu sais que tout n'est qu'illusion, ton héros n'a plus besoin de jouer son rôle de victime, de sauveur ou de méchant. Seul son ego veut continuer à s'illusionner pour exister. Tu as toute la journée pour le démasquer.

Au cours de la journée, j'observe et note les manifestations de l'ego de mon héros.

13 h : Au déjeuner, mon héros s'est vanté de

........................................................................................................

18 h 30 : En quittant son bureau, mon héros s'est plaint de ......................................................................

........................................................................................................

## ÉTAPE 7. EXERCICE 3

### **Réflexion :** Être toi-même

Montaigne a dit que « la chose la plus importante du monde est de se préserver et rester soi ». Dans cette recherche du moi intérieur à laquelle il nous invite, il n'y a ni nombrilisme ni autocomplaisance. Il sait combien cette tâche individuelle est ardue et il mesure à quel point nous sommes prisonniers de nos croyances, de nos préjugés, de notre milieu, de notre culture. Mais il nous dit aussi qu'« à chaque instant, nous recommençons à vivre » et que la libération peut alors avoir lieu.

Être soi et le rester en toutes circonstances n'est pas si simple. Pour y arriver, il est indispensable de nous accepter tels que nous sommes, avec nos qualités et nos défauts. En étant soi « m'aime » – pour parler la langue des oiseaux – et en prenant le risque de déplaire sans que notre amour-propre batte de l'aile, il n'est plus nécessaire de cacher quoi que ce soit derrière un masque qui finit toujours par nous étouffer à un moment de notre vie. En étant tel que tu es, tu te reconnectes à la joie, et tu es libre à chaque instant de la laisser s'exprimer comme le font les petits enfants. Tu peux t'amuser de toutes les expériences que t'apporte la vie sans te prendre au sérieux.

**Intention héroïque :**

« Je m'aime et m'accepte
tel que je suis. »

## **Action :**
## Quelles que soient les circonstances, le héros reste lui-même

Aujourd'hui, j'aimerais que tu écrives sur un Post-it que tu colleras sur le miroir de ta salle de bains la maxime suivante : « Je suis moi-m'aime ». Dorénavant, durant les 3 minutes du brossage des dents, tu liras cette maxime que tu te répéteras en boucle dans ta tête comme un mantra. Puis tu ouvriras ton carnet et demanderas à ton héros d'être lui-même et de te montrer la collection des différents masques qu'il a portés dans sa vie, des étiquettes sociales ou familiales qu'il lui arrive de mettre encore sans s'en rendre compte. En prenant conscience des masques que tu portes selon les circonstances, il ne tient qu'à toi de les faire tomber pour montrer ton véritable visage et redevenir toi. Raconte à la **3e personne**, **au passé** ou **au présent** les aventures de ton héros au bal masqué de la vie, et rappelle-lui que tu l'aimes « parce que c'était lui ; parce que c'était toi », comme l'a fait Montaigne en parlant de son ami La Boétie.

Mon héros prend conscience des différents masques qu'il a portés dans sa vie, à commencer par ..............................................................................

ÉTAPE 7. EXERCICE 4

## **Réflexion :** Plus fort que ta douleur

Ce sont nos pensées qui confèrent aux choses leur signification. En fonction de ce qui nous convient ou pas, nous définissons notre moi et décidons qui nous sommes. En étant créateurs de nos définitions, nous déterminons ce qui compte à nos yeux et ce qui n'a pas d'importance, ce qui est douloureux et ce qui ne l'est pas.

À l'instar de Wim Hof, « The Ice Man » qui escalade le Kilimandjaro en short et arrive à rester de longues minutes dans l'eau glacée en se concentrant et en maîtrisant sa respiration, de nombreuses personnes parviennent à maîtriser la douleur physique. Si la force de l'esprit peut agir ainsi sur le corps, nous aurions alors aussi la liberté de décider que telle expérience émotionnelle est douloureuse ou pas. Le décès d'un être cher, par exemple, ne pourrait plus être la cause de souffrance, ou le fait d'être trahi ou victime d'abus de diverse nature ne deviendrait pas nécessairement quelque chose de néfaste, même si la plupart des gens le vivent ainsi. En vérité, toutes les expériences terrestres ne sont ni positives ni négatives en elles-mêmes, elles sont ce qu'elles sont.

Libre à toi de choisir de quel côté tu souhaites te placer. Comme l'antidote permet de contrer les effets du poison, tu peux transformer tes émotions conflictuelles ou stressantes en leur contraire. Deux états contraires ne pouvant coexister, une émotion négative peut transmuter en une positive : c'est son antidote.

## Intention héroïque :
« Je transforme mes émotions négatives en émotions positives. »

## Action :
L'amour du héros est plus fort que sa colère

Aujourd'hui, ton héros va s'initier à l'alchimie. Tu vas lui apprendre le secret de la transmutation de ses émotions. Le principe est simple : il s'agit de transformer une émotion négative en son contraire. Ton carnet à portée de main durant cette journée, dès que tu sentiras une émotion négative poindre dans l'esprit de ton héros, tu analyseras aussitôt avec lui pourquoi cette émotion le fait souffrir. Que se passe-t-il en lui ? Il se peut qu'il soit complètement vampirisé par l'émotion négative et que tu aies du mal à demeurer tranquille, à ouvrir ton carnet pour analyser la situation. La première chose à faire dans ce cas, c'est imiter Iceman : concentre-toi sur ta respiration, inspire et expire profondément avec le ventre, puis observe dans ton corps l'émotion de ton héros. Si c'est de la colère, celle-ci se localise généralement en haut du corps, qui semble scindé en deux, comme coupé au niveau du plexus solaire. Imagine l'émotion néfaste (sa colère, par exemple) sous la forme d'une fumée noire que tu expires devant toi. En prolongeant ton expiration, visualise que cette sombre fumée prend les couleurs de l'arc-en-ciel (ou rose, orange… celle que tu préfères) ; c'est la couleur de ton antidote. Tu transmutes l'émotion en son contraire, la colère en amour. Tu sentiras ton corps se détendre aussitôt, et tu pourras analyser calmement l'origine de l'émotion néfaste de ton héros. Si aucune émotion négative ne surgissait dans la journée, ce soir, en rentrant chez toi, utilise alors tes 20 minutes d'écriture pour demander à ton héros s'il n'a pas conservé quelque part une hache de guerre contre quelqu'un. Inspire et expire jusqu'à ce qu'il finisse par l'enterrer une bonne fois pour toutes et fasse pousser ses fleurs préférées dessus. Raconte tout ce qui se passe en lui durant ce processus de transmutation. Comment ton héros s'y prend-il pour changer le plomb en or ?

- En me concentrant sur ma respiration, je visualise les émotions négatives de mon héros et les transmute en émotions positives.
- Je note les anciennes rancœurs de mon héros et transforme ses émotions négative..................

.............................................................................................

## **Réflexion :** Au son de tes mantras

Dire un mantra recentre et apaise l'esprit. Le mantra est une formule condensée, formée d'une série de sons, répétés de nombreuses fois suivant un certain rythme. Le terme sanskrit *manas* signifie « arme ou outil de l'esprit », et le suffixe *tra*, « protection », d'où la définition usuelle de « protection de l'esprit ». Ses vertus, conjuguées à l'intention et à la concentration du récitant, sont bénéfiques. Le mantra est un support de méditation. Le but de sa pratique peut être un bienfait physique ou spirituel. Des pratiques analogues à la récitation de mantras se retrouvent dans la plupart des religions. Le mantra est basé sur le pouvoir du son. C'est par la vibration et sa résonance que le son transforme l'environnement, ainsi que les personnes qui le récitent. Le mantra est répété de nombreuses fois afin de produire un effet. Il n'est pas lié à une langue ou une culture. Dans l'absolu, c'est un son qui produit un effet bénéfique.

Coach de l'intention positive avant l'heure, Émile Coué disait que la base de sa fameuse méthode, c'était l'imagination, réputée illimitée et bien plus puissante que la volonté. Le Dr Coué proposait à ses patients de répéter matin et soir, d'une voix audible et monotone : « Tous les jours, à tout point de vue, je vais de mieux en mieux », en s'accompagnant d'une cordelette à 20 nœuds en forme de chapelet. Si sa méthode semble fonctionner comme un placebo verbal, elle renvoie de toute évidence à la pratique du mantra.

**Intention héroïque :**
« Tous les jours, à tout point de vue, je vais de mieux en mieux. »

## **Action :** Les mantras du héros

Aujourd'hui, je te propose de fabriquer une arme protectrice pour l'esprit de ton héros : tu vas lui créer une série de mantras qu'il pourra répéter matin et soir. En évitant d'employer les négations, écris 5 intentions positives concernant différents domaines, comme le travail, la santé, la relation aux autres, l'abondance et le confort matériel, la création, etc. Mets-toi d'accord avec ton héros sur les objectifs à atteindre et formule les 5 mantras en veillant à ce qu'ils ne soient pas trop longs pour pouvoir les répéter une vingtaine de fois à l'aide d'une cordelette à nœuds, ou d'un *mala*, le chapelet des bouddhistes.

Je crée 5 mantras pour mon héros.

1. ........................................................................

2. ........................................................................

3. ........................................................................

4. ........................................................................

5. ........................................................................

## **Réflexion :**
## Tes changements et transitions

Dans son livre *Transitions de vie – Comment s'adapter aux tournants de notre existence*, William Bridges nous apprend qu'il est fréquent d'évoquer le changement dans nos vies sans pour autant prendre conscience de la transition qui s'opère. Selon lui, les deux concepts sont reliés mais pas identiques. Le terme *changement* reflète une réalité concrète et objective vécue par un individu, tel un déménagement ou un nouvel emploi, tandis que la *transition* est le volet subjectif du changement, c'est-à-dire l'adaptation interne, psychologique, qui a lieu chez l'individu face à ce changement. Toujours selon Bridges, il ne peut y avoir de changement réussi sans que l'individu passe par un processus de transition. Pour de nombreuses personnes, les difficultés qu'elles éprouvent ne seraient pas liées au changement vécu mais à la transition manquée. Bridges explique que la transition passe par trois phases : le renoncement à la situation actuelle, soit la fin de cette situation ; une zone neutre marquée par l'incertitude ; enfin, un nouveau départ. Un autre enjeu serait la difficulté aujourd'hui de vivre et de gérer les transitions dans un monde en perpétuel changement. Puisque celui-ci est inévitable, autant le vivre le mieux possible !

Lorsque le changement est imposé, la transition est souvent plus douloureuse. Dans un premier temps, elle pourra s'accompagner de sentiments et d'émotions particulièrement difficiles : injustice, rejet, inutilité, abandon, humiliation, honte, culpabilité, apitoiement sur soi, tristesse, déception, amertume et solitude. Si tu penses que tu vis en ce moment une transition difficile, le reconnaître est une étape fondamentale qui te rassurera probablement. Il est normal que tu te trouves déstabilisé pendant un certain temps, mais dis-toi que tout se termine toujours par un dénouement positif. Si cette période de transition te semble interminable, tu dois comprendre que le temps est ton allié, apprendre à attendre, prendre ton temps sans toutefois le perdre, car si tu laisses les choses traîner, ton enthousiasme et ta motivation risquent de s'étioler.

**Intention héroïque :**
« Je prends conscience des étapes de vie que je traverse. »

## **Action :** La transition du héros

Aujourd'hui, je te propose de situer dans quelle phase se trouve ton héros. Est-il encore dans la phase de **changement** ? A-t-il vraiment abandonné ses habitudes sécurisantes ? Sa zone de confort ? S'est-il détaché des lieux et des visages familiers ? S'est-il éloigné du pouvoir, de son statut social et de certaines de ses illusions ? Est-il entré dans la zone neutre de **transition** ? Tout en s'efforçant de renoncer à ses anciennes façons de faire, en a-t-il trouvé de nouvelles ? A-t-il trouvé d'autres repères ? S'il s'est détaché des choses du passé, réussit-il à s'attacher au présent, notamment sur le plan émotionnel ? Est-il assailli par le doute ? Envisage-t-il parfois de faire marche arrière ? Les hésitations de ton héros sont saines et normales puisqu'elles l'empêchent de commettre des erreurs ; il doit garder espoir et continuer à avancer, un petit pas à la fois. Bientôt, il arrivera en phase d'**intégration** où le doute, la frustration et l'inquiétude céderont la place à l'espoir, au soulagement, à l'enthousiasme, à la satisfaction et aussi à la fierté, avec de nouveaux plans et de nouvelles façons de voir les choses, le monde et lui-même. S'il te semble que ton héros a déjà atteint ce stade, je te conseille de poursuivre quand même les prochaines étapes, il y a encore de nouveaux trésors à découvrir… Utilise la **3e personne** et **le présent** pour raconter dans quelle phase se trouve ton héros.

Mon héros se trouve en phase de :

* changement
* transition
* intégration

→ parce que…

## **Réflexion :** Ta leçon de gratitude

Face aux épreuves de la vie, il nous arrive parfois de nous sentir totalement impuissants. À quoi bon nous battre si les dégâts causés dans notre inconscient finissent toujours par nous rattraper ? Cette croyance n'est pas fondée. Nous sommes tous capables de surmonter les pires épreuves de la vie. Tout est dans notre regard et celui des autres sur ce qui nous arrive. Nous avons tous du bon et du mauvais en nous. Il suffit de rester concentré sur le bon. N'est-ce pas finalement en acceptant ce qui nous arrive et en en tirant le meilleur que nous pouvons vivre le plus sereinement et harmonieusement à chaque instant ? Plus nous nous efforçons de relever nos raisons d'être reconnaissants, plus nous en trouvons facilement. Plus nous exprimons notre gratitude aux autres, plus nous sommes appréciés, plus les autres deviennent aimables et plus nous avons de raisons de leur être reconnaissants.

La gratitude est un cercle vertueux qui peut ne jamais être bouclé. La gratitude t'aide à diriger ton attention vers les choses heureuses de ta vie et à la détourner de ce qui lui manque. Non que la gratitude anéantisse tes émotions négatives, elle incite plutôt à développer tes émotions positives en te concentrant sur tes chances. L'objectif est de passer de l'âpreté du « je veux ça ! » à la gratitude du « je suis heureux de ce que j'ai ».

## Intention héroïque :
« Je suis heureux de ce que je suis et de ce que j'ai. »

## Action :
La « gratitude attitude » du héros

Aujourd'hui, j'aimerais que tu apprennes à ton héros à adopter la gratitude attitude. Sur ton air de musique préféré, celui qui t'a toujours fait du bien, tu ouvriras ton carnet et tu noteras toutes les choses pour lesquelles ton héros est reconnaissant. N'oublie pas de remercier aussi tous ceux et toutes celles qui l'aident dans sa vie à commencer par toi (oui, oui, il peut te dire merci !). Encourage-le à rester concentré sur le bon. Le soir, avant de te coucher, demande-lui désormais de te confier au moins 3 choses pour lesquelles il a été reconnaissant durant la journée. Pour l'instant, adopte la gratitude attitude en ressentant la joie de l'écriture.

Mon héros est reconnaissant pour ..........................
..........................................................
..........................................................

Mon héros remercie ceux qui l'ont aidé, en particulier ..........................................
..........................................................
..........................................................

# ÉTAPE 8. L'ÉPREUVE ULTIME : LE HÉROS S'ENGAGE DANS SA NOUVELLE VIE

Cette étape est une phase délicate, car elle marque définitivement le passage du héros vers sa nouvelle vie. De nouvelles pertes, et donc de nouveaux deuils, sont nécessaires. Il est naturellement douloureux de revivre ce qu'il a déjà réussi à dépasser au cours des étapes précédentes. En fait, celle-ci est le test qui lui révèle s'il est réellement prêt à vivre sa nouvelle vie. Ce passage permet au héros de dissoudre en lui plusieurs des chimères qui accompagnaient son idéal de vie forgé depuis l'enfance. La vie l'invite à ne pas abandonner son idéal mais à mieux le connaître et à le faire mûrir. C'est une opportunité unique de briser des schémas émotionnels et comportementaux issus du passé. Cela demande à nouveau du courage et une force intérieure, alors que le héros est encore marqué par la crise et la transition qu'il vient de vivre. Prendre soin de soi, de son corps, choisir des relations nourrissantes durant cette étape est essentiel pour éviter un repli sur soi qui serait inutile. C'est également une période où il est bon pour lui de prendre le temps de ressentir de la gratitude envers les personnes qu'il a rencontrées jusque-là et qui l'ont aidé à grandir à différents niveaux. Pouvoir l'exprimer à certaines d'entre elles est idéal, car cela met un baume sur certaines blessures, les aidant ainsi à pleinement cicatriser.

Les exercices de l'étape 8 vont t'apprendre à reconnaître ta vraie valeur, à dialoguer avec ton corps. Tu dépasseras tes peurs en te confrontant à la mort et tu feras le deuil de situations passées. Tu pourras alors t'ouvrir pleinement à la vie et accueillir l'instant présent.

*Avant de te lancer dans cette nouvelle étape, relis ce que tu as rédigé au cours des exercices de l'étape 7.*

## **Réflexion :** Reconnaître ta valeur

Connaître sa valeur, c'est comprendre ce que l'on cherche dans tout projet, dans toute action, ce qui fait plaisir, ce qui permet de se sentir satisfait. Reconnaître ses valeurs, c'est trouver ses principales sources de motivation. La valeur ne se calcule pas sur l'échelle d'une vie mais en fonction de ce que nous sommes dans l'instant présent, en fonction de notre être, car les choix que nous faisons déterminent ce que nous sommes à l'instant présent. Pour reconnaître sa propre valeur, pour savoir ce que nous valons, il nous faut éviter certaines erreurs.

La première serait de considérer que notre valeur est quantifiable en fonction de ce que l'on fait ou de ce que l'on a fait. Nos actes ne peuvent déterminer notre valeur. Au mieux, ils peuvent être un baromètre de notre confiance en nous. Pour peu que nous n'ayons pas vraiment su développer l'estime de soi, nous aurons alors toujours des peurs qui nous empêcheront de nous lancer dans des aventures à la hauteur de nos plus grands rêves.

La deuxième erreur serait de considérer que notre valeur se quantifie en fonction de ce que l'on a. Cela peut paraître évident, mais il est important de rappeler qu'aucun bien ne correspond à la valeur de quiconque.

Enfin, la troisième serait d'estimer sa valeur en fonction des autres, c'est-à-dire de considérer l'autre comme référent d'une certaine échelle de valeurs. Se tenir dans l'attente de cette reconnaissance vient souvent du fait que les parents ou les éducateurs n'ont pas « validé » l'enfant dans ses jeunes années. La « validation » consiste à vanter à l'enfant, avec le plus de sincérité possible, ses qualités humaines, son intelligence, son talent, etc., et à lui dire aussi à quel point il/elle est une personne unique, importante et spéciale.

## **Intention héroïque :**
## « Je reconnais mes vraies valeurs. »

## **Action :** Les valeurs du héros

Aujourd'hui, je te propose de valider les valeurs de ton héros. Pour cela, je te demande de choisir avec lui et de noter dans ton carnet 10 valeurs qui lui tiennent à cœur. L'important est que dans cette liste ton héros trouve ses principales sources de motivation. Une fois que tu as établi la liste avec lui, organise-la en mettant en tête les valeurs qui te semblent les plus importantes dans la vie de ton héros. Pour cela, prends d'abord 2 valeurs au hasard, puis demande-toi laquelle est la plus importante aux yeux de ton héros. Compare ensuite cette valeur avec une autre de la liste, et ainsi de suite. Ton classement effectué, regarde de nouveau la liste et sélectionne les 5 valeurs correspondant le mieux à ton héros. Enfin, à côté de chacune, écris comment tu envisages leur mise en application dans la vie de ton héros. Maintenant que tu lui as accordé ta validation, il sait parfaitement ce qu'il vaut et ce qu'il veut.

| Les 10 valeurs de mon héros : | Les 5 valeurs principales + actions à réaliser : |
| --- | --- |
| 1. | 1. |
| 2. | → mise en application… |
| 3. | 2. |
| 4. | → |
| 5. | 3. |
| 6. | → |
| 7. | 4. |
| 8. | → |
| 9. | 5. |
| 10. | → |

## ÉTAPE 8. EXERCICE 2

# **Réflexion :** L'intelligence du corps

Dans son ouvrage *Le Livre des secrets*, Deepak Chopra invite à s'identifier à l'intelligence du corps. Il explique que la vie et le comportement des cellules sont un modèle spirituel selon l'ordre qui suit.

**Dessein supérieur** : Chaque cellule a un dessein supérieur ; elle consent à œuvrer pour le bien-être de l'ensemble du corps ; son bien-être vient en second. L'égoïsme n'est pas une option, même pour ce qui est de sa propre survie.
**Communion** : Une cellule reste en contact avec n'importe quelle autre. Retrait et refus de communiquer ne sont pas des options.
**Perception** : Les cellules s'adaptent à chaque instant. Rester coincé dans des habitudes rigides n'est pas une option.
**Acceptation** : Les cellules se reconnaissent mutuellement comme d'importance égale. Toutes les fonctions du corps sont interdépendantes. Procéder seul n'est pas une option.
**Créativité** : Chaque cellule a un ensemble de fonctions propres, mais qui se combinent de façon nouvelle et créative. S'attacher toujours au même comportement n'est pas une option.
**Être** : Les cellules obéissent au cycle universel de repos et d'activité. Dans le silence de l'inactivité, l'avenir du corps incube. Être perpétuellement actif ou agressif n'est pas une option.
**Efficacité** : Les cellules fonctionnent avec la plus petite dépense d'énergie possible. Une consommation excessive de nourriture, d'air ou d'eau n'est pas une option.

**Lien** : En raison de leur héritage génétique commun, les cellules savent qu'elles sont fondamentalement les mêmes. Les cellules humaines restent liées à leur source, quelle que soit la durée de leur séparation. Pour elles, être « hors caste » n'est pas une option.
**Don** : L'activité fondamentale des cellules est de donner. L'accaparement n'est pas une option.
**Immortalité** : Les cellules se reproduisent afin de léguer leurs connaissances et leurs talents. Le fossé entre les générations n'est pas une option.

En considérant tout ce que les cellules du corps humain acceptent de faire, Deepak Chopra avance que le système cellulaire ne serait autre que le modèle du pacte spirituel proposé à l'être humain. Si les cellules de ton corps savent se comporter ainsi, pourquoi n'en ferais-tu pas autant ?

## Intention héroïque :
## « Je vis à l'unisson avec les cellules de mon corps. »

## Action :
## Quand le héros fait corps avec ses cellules

Aujourd'hui, avec ce nouvel exercice, je te propose d'inviter ton héros à vivre comme une cellule. Tu vas prendre ton carnet et recopier les 10 comportements cellulaires énumérés ci-dessus par Deepak Chopra (dessein supérieur, communion, perception, etc.). Face à chaque comportement, demande à ton héros de quelle façon il agit. Quel comportement adopte-t-il maintenant face à la vie ? Quel est son dessein supérieur ? Comment communie-t-il ? Comment perçoit-il ? Comment accepte-t-il l'autre ? De quelle façon crée-t-il ? En utilisant la **3e personne** et **le présent**, fais le point avec le système cellulaire de ton héros pour faire corps avec lui. Oui, ton héros possède un corps : celui que tu lui as créé, cher auteur !

Comment agit mon héros devant les 10 comportements cellulaires ?

1. Dessein supérieur :
2. Communion :
3. Perception :
4. Acceptation :
5. Créativité :
6. Être :
7. Efficacité :
8. Lien :
9. Don :
10. Immortalité :

## **Réflexion :**
## Ton expérience hors de ton corps

La NDE (*Near Death Experience*) étudiée depuis les années 1970 par des scientifiques américains est une expérience que les plus anciens récits du monde ont relatée, explique Patrice Van Eersel dans son livre *La Source noire.* Dans *La République*, par exemple, Platon nomme cette expérience « *deuteropotmos* » en parlant d'Er le Pamphylien, apparemment ressuscité après une bataille. Perceval, le chevalier de la Table ronde, en fait aussi l'expérience. Pendu par des brigands, il s'en sort de justesse. À la seconde où il croit mourir, le temps s'arrête, et il pénètre une dimension extraordinaire, où brille la lumière ineffable du Graal, « faite d'amour et de connaissance absolue ». En créant une sorte de zone intermédiaire entre la vie et la mort, les progrès fulgurants de la médecine moderne ont propulsé cette expérience rarissime et apparemment mythique dans le champ de notre réel. Parmi les millions de personnes dont le cœur s'est arrêté ou qui se sont retrouvées dans le coma (et que les techniques de réanimation actuelles ont réussi à faire revenir), il s'en trouve un certain nombre qui relatent cette expérience. Une « traversée » qui a changé leur vie. Aussi curieux que cela puisse paraître, l'unité des soins intensifs de l'hôpital, ce lieu le plus technique et le plus « désenchanté » du monde médical, est devenu l'antre de cette nouvelle mythologie : la NDE. Les rescapés ayant vécu une NDE (ou EMI – expérience de mort imminente) commencent généralement par proclamer qu'il n'existe aucun mot pour décrire ce qu'ils ont vécu. Leur besoin de témoigner les pousse à parler. Mais comment dire l'indicible ? « Je suis entré dans une lumière plus puissante qu'un million de soleils mais qui ne brûlait pas » ; « J'ai connu un orgasme un million de fois plus érotique que ce que j'avais connu auparavant mais qui n'était pas sexuel » ; « Je me trouvais après ma mort, mais ça n'était pas après car j'étais hors du temps ». Constatation de base : tous les rescapés ne craignent plus de mourir, racine première de toutes nos peurs. Ils gardent une puissante nostalgie de l'état qu'ils ont connu, mais l'idée du suicide ne les effleure pas. Ils ont souvent l'impression d'être revenus dans leur corps dans le but d'« accomplir une mission ». Pour eux, désormais, peur de mourir égale peur de vivre. Tous, désormais, manifestent l'intention de vivre pleinement.

**Intention héroïque :**
« J'accède à la dimension de mon âme en sortant de mon corps physique. »

## **Action :** La sortie de corps du héros

Dans le roman *Les Thanatonautes* de Bernard Werber, le héros, Michael Pinson, se lance dans une aventure scientifique qui le mène, avec son meilleur ami, jusqu'aux frontières de la mort. Ne te méprends pas, tu ne vas pas dans cet exercice proposer à ton héros d'en faire autant. En revanche, je peux t'indiquer une méthode de relaxation qui lui permettra de faire une expérience de rêve éveillé, proche d'une « sortie astrale » ou « sortie corporelle ». Pour cela, isole-toi dans une pièce obscure, bien chauffée, où tu ne seras pas dérangé, allonge-toi confortablement (à même le sol ou sur un lit), desserre tes vêtements et enlève tous tes bijoux. Détends-toi mentalement et physiquement. Ferme les yeux et respire régulièrement, la bouche légèrement ouverte. Concentre-toi sur ta respiration. Sois conscient de ton état de relaxation en essayant de ne pas sombrer dans le sommeil. Puis imagine ton esprit s'échappant de ton corps physique. Ne bouge surtout pas. Des vibrations, des oscillations se feront sentir ; à ce moment, visualise ton esprit hors ton corps, laisse-le flotter comme un ballon et enregistre ce qui se passe autour de lui, dans la dimension infinie de l'imagination. Pour revenir, pense à la pièce où tu es allongé et dirige-toi vers ton corps physique. Une fois l'expérience terminée, essaie de retranscrire en mots dans ton carnet toutes les sensations, les images, les sons et les couleurs enregistrés durant le voyage astral de ton héros. Tu peux dessiner ce que tu as vu si tu ne trouves pas de mots pour décrire tes visions.

Durant cette expérience de rêve éveillé, mon héros a ressenti ..............................................

## **Réflexion :** Faire ton deuil

Le mot *deuil* peut avoir plusieurs significations : deuil d'une relation, deuil d'un être cher, deuil d'une situation professionnelle, etc. Ce mot ne se limite pas au lien que l'on fait naturellement avec la mort. Peu importe la nature du deuil, le processus est toujours le même. Nous passons par des étapes qui sont des états internes ou stades émotionnels différents : il y a d'abord la phase de choc, où il est difficile d'accepter ce qui nous arrive, suivie d'une phase de protestation où nous pouvons ressentir de la colère, puis une phase de désorganisation où la tristesse nous envahit. Arrive enfin une phase de réorganisation qui nous permettra de remonter la pente en acceptant la situation pour apercevoir de nouveau le ciel bleu et les nouveaux projets qui nous attendent.

Faire ton deuil ne veut pas dire oublier la personne perdue ou la situation vécue. Faire ton deuil, c'est accepter de mieux vivre en acceptant de perdre. Cela te met dans la capacité de t'écouter intérieurement et d'aller de l'avant. Le fait de pouvoir dire les choses, les écrire, permet cette acceptation.

**Intention héroïque :**
« En acceptant de perdre,
j'accepte de mieux vivre. »

## **Action :** Les deuils du héros

Aujourd'hui, tu vas aider ton héros à faire le deuil d'un être cher et/ou d'une situation perdue. Prends une feuille blanche et demande-lui de te dicter une lettre à l'intention de la personne ou de la situation disparue. Demande-lui de se concentrer uniquement sur les souvenirs heureux qu'il a vécus du vivant de la personne ou durant la relation, la situation. Encourage-le à poser des questions demeurées sans réponse (s'il en éprouve le besoin) au sujet de la situation vécue ou de l'être disparu. Une fois que tu auras rédigé avec lui cette lettre, procure-toi une photo de l'être cher ou un objet symbolisant la relation. Place la photo ou le symbole à côté d'un évier que tu auras préalablement tapissé de papier d'aluminium pour y brûler la lettre. Jette du gros sel dans les flammes. Elles deviendront vertes. Par cet acte symbolique, tu intègres l'immortalité de la personne ou/et de la relation dans le cœur de ton héros intérieur et tu acceptes qu'il vive pleinement sa vie. Les réponses aux questions que tu as posées te seront données dans les jours qui suivent à travers des rêves, des signes ou une synchronicité en rapport avec tes interrogations.

J'écris une lettre à une personne ou à une situation disparue. ..............................................................

..............................................................................

## **Réflexion :** Mieux vivre avec ton corps

Le corps enregistre toutes les expériences, bonnes ou mauvaises. Chez tout individu, il existe une mémoire corporelle. Contrairement aux animaux, le petit humain n'est pas autonome à sa naissance. Il a besoin de longs mois pour tenir debout et encore plusieurs semaines pour gambader. Comme s'il était prématuré, c'est la maman qui sert de couveuse dans la majorité des cas. Le corps du nourrisson enregistre toutes les expériences charnelles transmises par l'adulte qui prend soin de lui. Plus le corps enregistre de bonnes expériences, plus sa confiance face aux rapports charnels et sexuels sera importante par la suite. Comme si, habitué aux bonnes choses, il savait reconnaître ce qui est agréable et bon pour lui. Dialoguer avec son corps, aussi intelligent que notre tête, être à son écoute, lui faire confiance et respecter son désir, c'est vivre jour après jour l'harmonie corps-âme.

Un corps bien habité, vivant et vibrant, est le plus fiable des alliés. Plus il te procure de sensations agréables, plus tu t'en occupes et plus il te le rend.

**Intention héroïque :**
« Jour après jour, je prends soin de mon corps. »

## **Action :**
## Quand le héros habite son corps

Aujourd'hui, je te propose de booster ta confiance envers ton corps pour la transmettre à celui de ton héros. Pour ce nouvel exercice, je vais te demander de te tenir nu devant un miroir en pied (une psyché), de respirer profondément tout en te massant le corps de bas en haut : la tête, le cou, les épaules, la poitrine, le ventre, les hanches, les fesses, les cuisses, les jambes et les pieds. Suis tes mains du regard en te concentrant sur tes sensations. Observe les émotions qui surgissent en toi. Tu peux utiliser une lotion hydratante ou une huile de massage pour rendre l'expérience encore plus agréable. Adonne-toi à ce massage pendant au moins 10 minutes. Puis retrouve ton héros, et met en mots dans ton carnet l'expérience que ton « double » et toi avez vécue dans la psyché. Fais parler l'âme et le corps de ton héros en utilisant la **3e personne** et **le présent**.

Je décris les sensations corporelles de mon héros : « Devant son double dans le miroir, mon héros a ressenti… »

## Réflexion :
## Ton corps et ton sang : véhicule de l'âme

L'âme, le corps et l'esprit pourraient être comparés à un automobiliste, la voiture et son carburant étant le corps et le sang, l'âme, le conducteur, et l'esprit, la conscience de ce dernier. Le mot *âme* vient de la racine latine *anima* qui signifie « être vivant », « animé », « qui met en mouvement ». L'« animal » se déplace par lui-même tandis que les choses « inanimées » restent immobiles.

Lorsque nous dormons, le corps (l'automobile) est inactif, tandis que l'âme (le conducteur) vaque à ses occupations à travers nos rêves et se connecte à sa réalité la plus profonde, la « conscience » du conducteur. De ce for intérieur naissent les inspirations et les décisions fondamentales : Où vais-je aller ? Quelle route vais-je emprunter ? L'âme pourra alors suivre cette inspiration et se servira de sa volonté pour mettre le corps en mouvement afin d'exécuter la tâche avec l'aide de son cerveau moteur.

## Intention héroïque :
## « J'écoute ce que mon âme me dit. »

## Action :
## Le héros au volant de son véhicule

Si tu as rêvé récemment de véhicule, celui-ci représente souvent l'âme du rêveur. Ta voiture était-elle en panne ? Fonçait-elle droit dans le mur ou se déplaçait-elle sur une route inconnue ? Si tu ne te souviens pas d'avoir fait un tel rêve, je te propose, aujourd'hui, d'emmener ton héros faire une balade en voiture. Après le rituel du brossage des dents, je t'invite à aller te recoucher. Super comme exercice, non ? Sauf que tu ne vas pas te rendormir, juste fermer les yeux, te relaxer et imaginer que ton héros monte dans un véhicule. Comment est-il ? Est-ce une voiture de sport bien entretenue ? Un solide bolide ? Une épave à la carlingue cabossée ? Une voiture de luxe avec chauffeur ? Que ressent ton héros en prenant le volant ? Est-il inquiet ? Cherche-t-il sa route ? A-t-il besoin d'un GPS ? Quelle route emprunte-t-il ? Une autoroute, un chemin de campagne ? Si ce n'est pas lui qui conduit, qui est au volant ? Quelle est sa destination ? Ton héros l'a-t-il choisie ? Est-ce une direction inconnue ?

Une fois que ton voyage imaginaire aura pris fin, quand tu seras arrivé à destination, reporte dans ton carnet les moindres détails de ton rêve éveillé en utilisant le **je** et **le présent**, puis trouve le lien entre la voiture et ton corps, entre le comportement de ton héros et celui de ton âme, entre le paysage autour de toi et ton esprit. Que t'indique-t-il ? Es-tu sur la bonne route ? Quelle est la bonne destination que te souffle l'esprit de ton héros ?

Mon héros me parle de son voyage imaginaire :
« Je me trouve dans une voiture... »

## **Réflexion :** Dis oui à la vie

« Quand une chose arrive, acceptez-la d'abord. C'est la vérité. Dites oui à tout. Quand vous acceptez de plein gré une chose, il n'y a pas de souffrance », disait Swâmi Prajnânpad. Ce maître hindou, diplômé de physique et passionné de psychanalyse, décédé en 1974, dispensait son enseignement dans un modeste ashram au fin fond du Bengale. Sa sagesse à la fois ancestrale et moderne attira de nombreux Occidentaux en quête de sens. Dire un seul mot, dire oui. Oui à tout ce qui vient, oui à tout ce qui arrive. La philosophie de l'acceptation est une discipline de vie qui consiste à bannir de soi le refus, l'incompréhension, la révolte, à accepter la souffrance pour que le bonheur n'en soit que plus intense. Le maître affirmait aussi : « Vivre heureux, c'est vivre sans espoir. » Être en harmonie avec ce que l'on est plutôt que de ruminer ce que l'on voudrait être, être « un avec ce qui est », se dire oui à soi-même en faisant siennes toutes les émotions qui nous traversent.

Dire oui à la vie, c'est dire oui à ce qui est vrai en toi, acquiescer à tes aspirations profondes. Dire oui à la vie, c'est souvent dire non aux conventions sociales, non aux attentes et aux projections d'autrui, non aux mauvaises habitudes, à la peur et aux schémas sécurisants mais figés. Chaque aventure personnelle n'est pas forcément anarchique mais toujours unique pour celui qui la vit. À chacun ses désirs, à chacun son rêve.

## **Intention héroïque :**
## « Je sais dire oui comme je sais dire non. »

## **Action :** Oui à la vérité du héros

Aujourd'hui, pour cet exercice, tu vas apprendre à ton héros à dire non afin qu'il puisse dire oui à la vie, celle qu'il veut vraiment mener. Après le brossage de dents et la respiration sous la douche, ouvre ton carnet et pense à toutes les fois où la tête bien pensante de ton héros a dit oui, alors que son cœur ou ses tripes lui disaient non. Replonge-toi dans ses plus lointains souvenirs et énumère tous ces oui qui, en vérité, lui hurlaient non en sourdine. Ton héros a le droit de dire non comme il a le droit de dire oui, la seule chose que la vie lui demande : être vrai envers lui-même.

Mon héros n'a pas su dire non la fois où ................

..............................................................................................

# ÉTAPE 9. ACQUISITION DE L'OBJET DE LA QUÊTE : LE HÉROS RÉALISE SON PROJET

Grâce à la qualité de son travail, à son engagement, sa patience et sa persévérance, le rêve dans lequel le héros s'est investi se réalise enfin ! Son esprit est libéré du sentiment de vivre en état de crise. Il a réussi son pari en allant au bout d'un de ses rêves intimes. La fierté est grande mais elle s'accompagne aussi, dans un premier temps, d'un sentiment de solitude. Celui-ci est normal, et le héros gagne à ne pas s'y accrocher. Il lui permet simplement de réaliser ce à quoi il a dû renoncer pour obtenir l'objet de sa quête.

Les exercices de l'étape 9 vont te conduire à trouver en toi le juste équilibre. Tu prendras conscience que ce que tu perçois du monde extérieur est le parfait reflet de ton monde intérieur. Tu t'ouvriras aux paradoxes de l'existence. Tu seras capable de laisser aller tes émotions sans t'y accrocher et de te relier plus facilement aux forces de la nature et de l'univers.

*Avant de te lancer dans cette nouvelle étape, relis ce que tu as rédigé au cours des exercices de l'étape 8.*

## ÉTAPE 9. EXERCICE 1

# **Réflexion :**
# Les deux faces de ta victoire

Dans son livre *Le Héros aux mille et un visages*, Joseph Campbell appelle « apothéose » le moment où le héros accède à l'élixir tant recherché. Dans les grands mythes, celui dont s'empare le héros est souvent utile à toute une nation, voire à l'humanité. Le mythe de Prométhée en est le meilleur exemple. Le Titan vole le feu aux dieux pour le donner aux hommes et choisit de se sacrifier pour eux. Prométhée sera condamné à finir enchaîné à un rocher pendant un millier d'années tandis qu'un aigle lui dévore le foie sans relâche. Le mythe de Prométhée est la métaphore de l'apport de la connaissance aux hommes : le feu, outil universel permettant de créer d'autres outils, représente l'intelligence qui conduit à la technique. D'un autre point de vue, sur le plan de la morale, le mythe est évocateur des faiblesses de l'être humain et de sa folle tentation de se mesurer aux dieux et ainsi de s'élever au-dessus de sa condition.

Parfois, un succès professionnel, une victoire sportive ou tout autre exploit peut nous propulser tel un dieu vivant face au monde, à un pays, à la société, au public. Il arrive que cette situation qui semble enviable soit parfois mal vécue par le victorieux. À l'instar de Prométhée, il se retrouve soudain enchaîné par son succès. L'ego, attaché au triomphe de la victoire autant qu'au refus de la défaite, a du mal à redescendre sur terre dans sa condition humaine. Dans son poème universel « Si », Kipling a la sagesse de mettre l'homme en garde : « Si tu peux rencontrer triomphe après défaite et recevoir ces deux menteurs d'un même front [...] alors les rois, les dieux, la chance et la victoire seront à tout jamais tes esclaves soumis, et, ce qui vaut mieux que les rois et la gloire, tu seras un homme, mon fils ». À travers ses mots, Kipling nous enseigne que rien ne dure, que tout passe. Il invite l'homme à accueillir le présent dans une constante sérénité de son âme, à vivre sa vie terrestre dans un état de parfaite équanimité.

## Intention héroïque :
## « J'harmonise les deux hémisphères de mon cerveau. »

## Action :
## La sagesse du héros face à la victoire

Aujourd'hui, je te propose de ressentir cet état d'équanimité, cette humeur constante de ton âme, en harmonisant avec ton héros les deux hémisphères de ton cerveau. Pour rappel, l'hémisphère gauche te permet de t'organiser, de planifier les choses et donc d'atteindre des objectifs avec précision et efficacité, tandis que le droit te permet de prendre des décisions rapidement, de générer beaucoup de solutions et d'avoir une pensée arborescente pour voir les choses dans leur globalité. Pour cet exercice, je vais te demander de travailler d'abord avec ton hémisphère gauche : tu te fixeras 3 objectifs à atteindre en prenant le temps de la réflexion pour bien les formuler. Puis, une fois que tu les auras couchés sur le papier, tu prendras trois grandes respirations et demanderas à ton héros (qui endossera le rôle de ton cerveau droit) de te dicter toutes les idées qui lui passent par l'hémisphère droit pour les atteindre. La meilleure façon d'y parvenir te sautera immédiatement aux yeux. On essaie pour voir ? Aligne tes deux hémisphères et laisse-toi guider par la flamme éternelle de l'équanimité sans pour autant te prendre pour un dieu de l'Olympe.

Je fais travailler mon cerveau gauche en me fixant 3 objectifs à atteindre :

1. ..........................................................................

2. ..........................................................................

3. ..........................................................................

Je fais travailler mon cerveau droit en écoutant toutes les idées spontanées que me souffle mon héros : « Mon héros me dit que... »

## **Réflexion :**
## Dans ta solitude brille le mot soleil

Nous sommes tous confrontés un jour ou l'autre à la solitude. Au lieu de subir cette solitude imposée, pourquoi ne pas la rendre agréable ? Pourquoi ne pas inverser cette tendance à associer la solitude aux moments douloureux : rupture sentimentale, perte d'un proche ? Savoir être seul pourrait être une des clés de l'épanouissement psychique. En effet, se retrouver avec soi-même permet d'apprendre à se connaître. La solitude est un moment privilégié où l'on peut s'écouter, se poser de bonnes questions, se souvenir de ses rêves et en trouver de nouveaux. Elle pousse à chercher au fond de soi ses désirs profonds, à identifier ses atouts, elle aide à trouver sa voie. Lorsque l'on a appris à puiser en soi, les moments où l'on est seul deviennent des occasions de mettre tout en œuvre pour atteindre ses buts. Que cela soit devant sa feuille blanche, sa toile ou son instrument de musique, l'artiste passe toujours par le chemin de la solitude mais dans celle-ci brille un soleil pour éclairer le monde.

Fuir la solitude, c'est se fuir soi-même, fuir un soi-même « désœuvré ». Si ta solitude est accompagnée de l'ennui, cela signifie qu'elle t'invite à te mettre en mouvement, à te mettre à « l'ouvrage », ne serait-ce qu'en commençant par la réorganisation de tes placards, la rédaction d'un nouveau CV ou par une séance de sport.

## **Intention héroïque :**
## « J'accueille l'inspiration que m'apporte la solitude. »

## **Action :**
## Quand la solitude éclaire le héros

Aujourd'hui, tu vas profiter de la solitude pour que ton héros et toi puissiez vous mettre à l'ouvrage. Pour cela, tu vas repérer avec lui tous les moments où tu as l'impression de perdre ton temps. Cela peut être devant ton smartphone, devant la télé, en société, etc. Une fois que tu auras repéré et listé tous ces moments d'ennui, remplace-les par des activités qui te paraissent nettement plus enrichissantes et que tu peux faire seul : lire, écrire, aller au cinéma, faire une exposition, etc. De toute façon, depuis que tu es devenu l'auteur de ta vie, tu n'es plus vraiment seul, ton héros est toujours là pour t'accompagner dans cette aventure, n'est-ce pas ? Trouve des activités solitaires pour éclairer le héros qui brille en toi.

Je repère les moments où mon héros s'ennuie et je lui suggère des activités plus enrichissantes : « Au lieu de s'ennuyer devant… mon héros pourrait… »

## **Réflexion :** Découvre ta vraie nature

Une quête spirituelle est avant tout une quête de vérité qui nous amène à découvrir que nous ne sommes pas des êtres humains faisant une expérience spirituelle mais des êtres spirituels vivant une expérience humaine. Une quête spirituelle nous conduit toujours à notre vraie nature. Sans vivre pour autant comme un sage méditant au sommet d'une montagne, nous sommes tous parfois entrés en communion avec notre vraie nature, nous nous sommes sentis complets, comblés, unis inconditionnellement au reste du monde. Nous avons tous ressenti, touché du bout de notre âme, cet état de grâce, cette plénitude incommensurable devant la beauté d'un paysage, d'un coucher de soleil ou l'immensité d'un ciel étoilé, où tout nous semblait juste, parfaitement à sa place. C'est souvent dans le miroir de la nature environnante que se reflète la beauté intemporelle de notre vraie nature. Le reflet de ce silence éternel d'où surgit soudain le « Je suis ».

Lorsque nous nous posons la question « Qui suis-je ? », il est possible que la réponse qui nous vienne d'abord à l'esprit soit celle que nous avons apprise. Nous déclinons les noms et prénoms que nos parents nous ont donnés. Mais si nous poursuivons notre investigation, une découverte inestimable nous attend : la découverte du « Je suis ». Une découverte qui nous rend libres et nous fait réaliser la beauté et la grandeur de qui nous sommes vraiment.

## **Intention héroïque :**
## « Je me relie aux forces de la terre et du ciel. »

## **Action :** Le héros au cœur de la nature

Aujourd'hui, je te propose d'emmener ton héros en pleine nature pour lui faire ressentir sa vraie nature. Pas besoin d'aller au bout du monde ou dans le désert pour pratiquer cet exercice, un parc ou une forêt à proximité suffiront. N'oublie pas d'emporter ton carnet avec toi. Une fois dans la nature, trouve un endroit qui t'inspire et déchausse-toi. Sens tes pieds nus sur le sol, tiens-toi en position verticale et ferme les yeux. Concentre-toi sur ta respiration et imagine d'immenses racines te reliant au centre de la terre. Dis tout haut « Je suis » et écoute ce qui se passe en toi. Puis visualise une sève blanche lumineuse qui monte des racines de tes pieds jusqu'au niveau de ton plexus solaire. Fais monter cette sève blanche le long de ta colonne vertébrale puis laisse-la s'échapper par le sommet de ton crâne vers le ciel. Dis à nouveau « Je suis » et observe toutes les sensations et les émotions qui surgissent en toi. Quand tu auras terminé ta méditation (elle peut durer 10 minutes ou plus), tel un scribe, assieds-toi en tailleur et demande à ton héros de te raconter son ressenti, sa vraie nature.

Je retranscris toutes les émotions que mon héros a ressenties en pleine nature ..............................

..............................

## **Réflexion :** Conjugue les paradoxes

L'oxymore, appelé aussi « alliance de mots », est redevenu à la mode. Pourtant, le mot existe depuis bien longtemps. Dans *Le Cid,* Corneille avec « cette obscure clarté qui tombe des étoiles » usait déjà de cette surprenante alliance de mots. On peut se demander d'où vient le mot *oxymore* : du grec, bien sûr. Et le terme est lui-même un oxymore : « intelligent et idiot » ou « malin et niais ». C'est ce que suggèrent les mots *oxu* et *moros*. Quand Nerval évoque « le soleil noir de la mélancolie », c'est encore un oxymore. Rimbaud y recourt à profusion, notamment dans *Les Illuminations* : « générosités vulgaires », « luxe dégoûtant », « violent paradis », « rugissent mélodieusement »...

Les trouvailles oxymoriques t'ouvrent aux paradoxes. Tes défauts contiennent la graine de tes qualités, et tes qualités la graine de tes défauts. Dans la vie, rien n'est tout blanc, rien n'est tout noir. Tout et rien à la fois.

## **Intention héroïque :**
## « Les paradoxes de la vie ouvrent mon esprit. »

## **Action :** La vie paradoxale du héros

Aujourd'hui, je te propose de déclencher avec ton héros une tempête de cerveau. Un *brainstorming* pour trouver un titre à l'histoire de la vie de ton héros en utilisant un oxymore avec la légèreté du poète. Pour cela, ouvre ton carnet après le brossage des dents et la douche oxygénation des cellules, et jette sur le papier tous les mots que ton héros te soufflera en songeant à sa vie, son histoire. Ne te freine pas, laisse couler une avalanche de mots sur le désert de la feuille blanche. Puis une fois que tu sens que tu ne peux plus rien tirer de ton héros, ferme ton carnet, laisse-le reposer et emporte-le avec toi. Plus tard dans la journée, quand le calme de ses neurones sera revenu après la tempête, ton héros intérieur risque fort de surgir soudain du bain en s'écriant « Eurêka ! », avec le titre de l'histoire de son histoire. Une alliance de mots au luxe dégoûtant et à la générosité vulgaire. À ton tour de plonger dans le grand bain des paradoxes de la vie.

Je laisse surgir un flot de mots que me souffle mon héros au sujet de sa vie.
À partir de sa liste de mots, j'essaie de trouver un titre à son histoire en utilisant un oxymore.

## **Réflexion :** Ton animal doué de colère

« La colère, c'est l'animal en nous », nous dit Christophe André. Quelques heures après sa naissance, le nourrisson affamé l'expérimente déjà. Pour les philosophes de l'Antiquité, la colère s'apparente à une faute morale. Selon Aristote, l'homme juste et droit doit pouvoir contenir les passions de son âme. L'Église, elle, la voit comme un péché, une atteinte à l'ascèse, qui exige une parfaite maîtrise de ses appétits intérieurs. Pour le psychologue Joseph Ledoux, l'explosion colérique est un signal d'alerte périmé, qui survit dans une partie du cerveau émotionnel : l'amygdale. Utile chez le tout-petit incapable de traduire son vécu intime par des mots, elle cesse de l'être chez l'individu parlant. Selon certains psychologues, la colère est une réaction instinctive primaire. Nos ancêtres des cavernes trouvaient en elle la force de chasser leurs rivaux. Pour nous autres descendants, elle sert essentiellement, dans nos temps modernes, à nous faire respecter. À condition de ne pas en devenir esclave, la colère, en s'exprimant, nous assure une paix relative. Ce que nous rappelle Christophe André, c'est qu'il est souvent inutile de se mettre en rage pour de vrai. Trop de colère fait souffrir. On se sent mal après être sorti de ses gonds. Christophe André nous invite à suivre le précepte de Socrate « Connais-toi toi-même ». Apprendre à repérer les situations qui déchaînent nos pulsions agressives permet d'acquérir un meilleur contrôle de soi. Pour les inhibés, essayer de comprendre pourquoi ils n'arrivent pas à exprimer leur colère renvoie souvent à la culpabilité et réveille la peur infantile de ne plus être aimé si l'on se montre agressif. La colère immodérée de l'autre invite également à nous interroger sur ce qui, dans notre attitude, a pu la déclencher plutôt que de ne voir en nous que la victime. Le tout est d'apprivoiser la colère, cet animal qui s'exprime en nous, car nos émotions nous tiennent en vie et nous rendent humains.

Une saine gestion de ta colère va de pair avec l'attitude qui consiste à porter la responsabilité de ta vie. À l'opposé, lorsque tu considères les autres ou la vie elle-même comme devant assurer ton bien-être, tu es naturellement porté à les accuser de tes frustrations. La colère n'est peut-être pas si mauvaise conseillère que ça. Elle ne provoque pas systématiquement l'emportement. Ce sont plutôt tes blocages émotionnels ou le refus de ta responsabilité qui expliquent tes faux pas colériques.

**Intention héroïque :**
« Je dompte la colère. »

## Action :
## Quand le héros fait la paix avec sa colère

Aujourd'hui, je t'invite à allonger ton héros sur le divan et à revisiter avec lui ses plus grosses colères, à revoir les multiples fois où il est sorti de ses gonds. Rien que d'y penser, tu sens encore la moutarde lui monter au nez ? Ouvre vite ton carnet et liste les colères que ton héros a mal vécues, note toutes ses frustrations à la **3e personne** et **au passé**. Puis une fois que tu les auras couchées sur le papier, reprends-les dans l'ordre et essaie de les analyser en apprivoisant l'animal tapi au fond de lui. Pose-lui les bonnes questions : « Oui, mais encore ? » ; « Et qu'est-ce que cela t'évoque ? » ; « Tu ressens quoi ? ».

| Je liste les colères de mon héros : | J'essaie d'analyser ses colères et leur origine : |
| --- | --- |
| * …<br>* …<br>* …<br>* … | |

## **Réflexion :** Un cercle pour te centrer

Le *mandala*, qui signifie « cercle » en sanskrit, est une figure emblématique de la spiritualité. C'est un espace, une unité de temps et de lieu dans lequel nous sommes au centre et où se présente et se vit une expérience donnée. Dans la tradition tibétaine, c'est une représentation symbolique de l'univers. Pour Jung, le mandala est un excellent outil de travail pour le « processus d'individuation », ce processus de transformation intérieure qui mène à l'accomplissement de soi dont nous avons parlé préalablement. Jung avait remarqué que dans des périodes de trouble l'inconscient nous montrait souvent des mandalas dans nos rêves mais aussi dans notre quotidien. Un mandala peut être utilisé comme support méditatif mais aussi pour identifier nos désordres émotionnels. Sa force réside en son pouvoir de protection. Comme pour les « capteurs de rêves », le cercle, symbole spirituel de la vie chez les Amérindiens, protège l'esprit. Les multiples formes géométriques représentées à l'intérieur d'un mandala reflètent les différents aspects de la personnalité. Structurés de façon plus ou moins symétrique, ils éclairent le voyage qui mène au centre de soi. Créer un mandala favorise l'état méditatif propice à l'écoute de nos messages intérieurs. Une expérience facile qui ressemble un peu à un jeu d'enfant ? Sans doute ! Mais comme Jung le disait justement : « Notre enfant intérieur n'est-il pas le plus apte à nous aider à trouver le chemin vers notre unité ? » En créant un mandala, tu redonnes de l'espace à ton esprit, tu redynamises tes énergies et tu synchronises ton monde intérieur au monde extérieur en te reliant à l'instant présent de la création.

## Intention héroïque :
## « Je me centre et me concentre. »

## **Action :** Le cercle du héros concentré

Tu l'as compris, aujourd'hui je te propose de créer un mandala. Pour cet exercice, tu vas te procurer une boîte de crayons de couleur, ouvrir ton carnet à une page vierge, t'emparer d'un bol et, à l'aide de celui-ci, tracer un rond sur le papier. Sélectionne ensuite les couleurs des crayons qui t'inspirent et dessine des formes géométriques à l'intérieur du cercle que tu colorieras au fur et à mesure pour créer ton mandala. Une fois ton dessin terminé, demande à ton héros d'observer ce mandala. Analyse avec lui la façon dont tu l'as représenté. Il correspond à l'espace intérieur de ton héros. Est-il encombré ? Centré ? Symétrique ? Que te raconte-t-il ? Quels sont les trois premiers mots qui viennent à l'esprit de ton héros ? À l'aide de tes crayons de couleur, note-les sous ton mandala. Centre-toi et concentre-toi sur l'espace et l'univers intérieurs de ton héros.

Je crée et dessine un mandala pour mon héros.
J'écris les trois mots que ce mandala lui inspire :

1. ..................................................
2. ..................................................
3. ..................................................

## **Réflexion :**
## Laisse passer tes pensées et tes émotions

Accéder à la spiritualité ne signifie pas devenir un illuminé indifférent au monde. Devenir un être réalisé ne veut pas dire que l'on ne ressent plus rien, que l'on n'éprouve plus d'émotions. On cesse simplement de s'identifier à celles-ci, sans pour autant perdre son identité et sa personnalité. Les nœuds que l'on a forgés et qui nous inhibent se sont dénoués, et la nature de l'esprit, authentique et spontanée, peut alors resplendir. L'état de bouddha n'est pas une sorte de néant vide, il est au contraire débordant de compassion, de joie et d'humour. Il y a la pensée et le fait d'être conscient de cette pensée. La différence entre les deux est considérable. Mais nous nous identifions tellement à nos pensées et à nos émotions que nous nous confondons avec elles : nous sommes le bonheur, nous sommes la colère, nous sommes la peur. Or, nos pensées et nos émotions ne sont que des états mentaux. Elles n'ont pas de solidité, elles sont transparentes. Il faut juste en être conscient. Nous sommes autre chose que nos pensées, nos émotions et nos actions. Nous pouvons les admettre, les accueillir sans en être bouleversé, sans nous critiquer, sans nous condamner. Nous avons tous le pouvoir de les changer, de les transformer.

Découvrir cette réalité aide mieux à t'accepter, à lâcher tes anciens comportements et participe à te construire une nouvelle intériorité développant le respect et l'amour de toi-même et des autres.

## Intention héroïque :
« Je laisse passer mes émotions sans m'y accrocher. »

## Action :
Les pensées aboient, le héros passe

Aujourd'hui, tu vas demander à ton héros de ne pas s'accrocher à ses pensées et ses émotions. Tu vas d'abord te brosser les dents en toute conscience, laisser couler tes pensées avec l'eau de la douche en respirant amplement pour bien oxygéner tes cellules. Puis ouvre ton carnet et demande à ton héros de te dicter la liste de tous les plaisirs simples qui le rendent heureux (une belle musique, un coucher de soleil, une promenade sur la plage…). Ressens avec lui le bien-être émotionnel associé à ces images. Sur une autre page, demande-lui de te dicter maintenant tout ce qui le rend mal à l'aise (la haine, la violence, la guerre…). Comme tu l'as fait avec son bien-être, ressens son mal-être émotionnel. Puis reviens à la liste des plaisirs et observe à nouveau ses émotions. Tu constateras que tu peux passer d'une émotion négative à une positive comme tu le souhaites. Tu en as le pouvoir ! Tu es le maître de tes émotions ! Laisse passer tes pensées et tes émotions. Tout passe. Tout passe à chaque instant.

- Je liste les plaisirs simples de mon héros et ressens les émotions positives qu'elles lui procurent.
- Je liste ce qui rend mon héros mal à l'aise et ressens les émotions négatives qu'elles lui procurent.
- Je passe d'une émotion positive à une émotion négative et *vice versa*.

# ÉTAPE 10. LE CHEMIN DU RETOUR VERS LE MONDE ORDINAIRE

Après avoir obtenu l'objet de sa quête, le résultat ou le but qu'il s'était fixé, le héros entre dans une phase de lâcher-prise lui permettant d'actualiser véritablement ses perceptions et ses comportements face au monde ordinaire de ses semblables. C'est également une période de tests quotidiens pour le héros. Il doit maintenant confirmer qu'il s'est transformé, qu'il a intégré le chemin avec de nouvelles attitudes, et qu'il va pouvoir créer des relations plus saines et plus justes.

Au cours des exercices de l'étape 10, tu vas apprendre à lâcher prise et à te laisser porter par ton énergie créatrice. Tu intégreras le chemin que tu as parcouru, éviteras désormais de critiquer tes semblables et les accepteras tels qu'ils sont. Tu ressentiras de plus en plus la plénitude de l'instant présent ainsi que ton âme de créateur vibrant en toi à chaque instant.

*Avant de te lancer dans cette nouvelle étape, relis ce que tu as rédigé au cours des exercices de l'étape 9.*

ÉTAPE 10. EXERCICE 1

## **Réflexion :** Lâche prise pour mieux agir

Le lâcher-prise peut s'appliquer de différentes façons. Une manière très simple consiste à opposer le lâcher-prise à son contraire : le contrôle. L'ego aime contrôler, que ce soit notre travail, notre vie personnelle, nos émotions et les autres aussi. Il aimerait même contrôler les événements qui sont hors de son contrôle, comme le temps qu'il fait ou le temps qui passe. Lorsque nous réalisons que nous ne pouvons changer ni les événements ni les autres, mais seulement notre façon de les percevoir, nous sommes dans le lâcher-prise. Nous accueillons alors la vie avec beaucoup moins de stress. Lorsque nous décidons aussi de modifier notre action pour arriver à un résultat, nous faisons preuve de flexibilité et ne nous accrochons plus à une conduite stérile. Face aux événements, il est important de faire la différence entre ce que nous pouvons contrôler ou influencer, et ce que nous ne pouvons ni contrôler ni influencer. Faire cette distinction est certainement la première étape dans le lâcher-prise. Cela impliquerait-il alors de renoncer à nos buts, à nos objectifs ? Pas nécessairement. Le lâcher-prise peut être parfaitement compatible avec l'action, mais il implique parfois que celle-ci soit différente ou différée.

Il t'est sans doute déjà arrivé d'avoir un nom sur le bout de la langue, de t'acharner à le retrouver, mais en vain. Plus tu fais l'effort de le trouver, plus il t'échappe. Alors tu lâches prise, tu passes à autre chose, et soudain, *bam* ! Le nom recherché arrive de lui-même, sans aucun effort. Penser de façon obsessionnelle à un problème est une prise de tête inefficace qui ne règle rien. On appelle cela de « la résistance ». Au contraire, t'en détacher provisoirement peut permettre à ton cerveau de faire émerger certaines solutions et surtout de laisser la place à ton originalité et ta créativité.

## **Intention héroïque :**
## « Je lâche mes pensées encombrantes pour mieux agir. »

## **Action :** Le lâcher-prise du héros

Aujourd'hui, ce premier exercice de cette 10e étape va te permettre de lâcher prise. Avec ta nouvelle vie, je présume que, chaque matin, tu te réveilles avec des questions plein la tête concernant tes nouveaux projets, tes nouvelles démarches et rencontres, ta nouvelle activité, etc. Je te conseille d'ouvrir immédiatement ton carnet et de noter toutes tes interrogations. Note-les sans chercher à y répondre, sans songer à des solutions. Une fois que tu auras vidé ta tête dans ton carnet, vaque à tes occupations. Si tu sens que ton cerveau est encore un peu en mode tête chercheuse, ouvre à nouveau ton carnet et note tes préoccupations récalcitrantes. Durant la journée, ton héros intérieur va se faire une joie de trouver les meilleures réponses à tes questions. Pour cela, emporte ton carnet avec toi : ton héros a de brillantes idées au moment où tu t'y attends le moins.

Je note toutes mes interrogations dans mon carnet puis je lâche prise.

..........................................................................................

..........................................................................................

Au cours de la journée, je note les réponses que mon héros me souffle.

..........................................................................................

..........................................................................................

## **Réflexion :** La poésie de ta synesthésie

Le mot *synesthésie* vient du grec *syn* et *aesthesis* signifiant « union » et « sensation ». La synesthésie est un phénomène neurologique par lequel un individu associe deux ou plusieurs sens à partir d'un même stimulus. Par exemple, une personne peut associer un son, un parfum à une mélodie. Des lettres, des chiffres, pourtant imprimées en noir, entraînent chez certains la perception de couleurs. La synesthésie est un phénomène bien réel, confirmé par des recherches scientifiques. D'après des études de neuro-imagerie chez les synesthètes percevant des nombres en couleur, les aires cérébrales qui traitent la couleur sont réellement activées : la synesthésie serait due à des co-activations de régions du cerveau impliquées dans le traitement de la couleur et du nombre. Le poème « Voyelles » d'Arthur Rimbaud est à cet égard emblématique. Il commence ainsi :

« A noir, E blanc, I rouge, U vert, O bleu : voyelles,
Je dirai quelque jour vos naissances latentes :
A, noir corset velu des mouches éclatantes
Qui bombinent autour des puanteurs cruelles… »

Regardes-tu un nombre en l'associant immédiatement à une couleur ? Ou trouves-tu que chaque voyelle a un goût particulier ? Une note de musique dégage-t-elle un parfum pour toi ? Qu'elle soit acquise à la naissance ou après un choc cérébral, la synesthésie n'est pas une tare. Au contraire, il n'y a aucun risque à développer cette particularité, elle a comme avantage d'améliorer ta mémoire.

## **Intention héroïque :**
## « Je joue avec mes sens. »

## **Action :**
## Les goûts et les couleurs d'un héros synesthète

Aujourd'hui, tu vas demander à ton héros de devenir synesthète : tu vas associer avec lui les goûts, les parfums, les couleurs et les lettres. Après tes rituels du matin, ouvre ton carnet à une page vierge et écris verticalement ton prénom. À l'aide de crayons de couleur, associe en face de chaque lettre le goût et le parfum qu'elle évoque à ton héros en utilisant un crayon dont la couleur t'inspire. Avec tes mots hauts en couleur, goûteux et parfumés, rejoins le club des synesthètes disparus.

J'écris verticalement mon nom.
J'associe une couleur, un goût et un parfum à chacune des lettres.

## **Réflexion :** Ta noble devise

Une devise est une expression symbolique décrivant les motivations ou les intentions d'un individu, d'un groupe social ou d'une institution. Une devise peut suggérer un idéal, une règle de conduite, un passé prestigieux, une victoire ou tout autre exploit ou vertu. C'est une phrase porteuse de vérité. Une phrase en laquelle nous croyons, que nous pouvons répéter et partager. Une phrase qui résume notre philosophie de vie du moment, exprime nos valeurs, dévoile ce qui nous meut, ce qui nous fait vibrer. Notre devise sonne juste dans notre cœur. Elle est en alignement avec notre âme, notre Moi profond. Identifier ta devise permet de faire le point sur ta personnalité, mais aussi sur tes préoccupations du moment. Ta devise est un peu le noble titre de l'histoire de ton héros.

**Intention héroïque :**
« J'ai foi en ma devise. »

## **Action :** La devise royale du héros

Aujourd'hui, j'aimerais que tu reviennes au questionnaire de Proust (exercice 7 de l'étape 1). Relis ce que tu as écrit à la question 31 « Quelle est ma devise ? ». La phrase que tu as trouvée correspond-elle à ce que ton héros est devenu aujourd'hui ? Penses-tu qu'il faille lui trouver une autre devise ? À toi d'étudier cela avec ton héros. Une fois que vous aurez décidé de conserver cette devise ou d'en trouver une autre, prends ta boîte de crayons de couleur et dessine un blason sur une page vierge de ton carnet. Choisis la forme de l'écusson qui sied le mieux à ton héros. Avec les couleurs de ton choix, inscris la devise de ton héros dans le blason. Trouve un noble titre à ton héros pour le sacrer chevalier.

Je crée un blason dans lequel j'inscris ma devise.

## **Réflexion :** Ton karma et tes samskaras

Tout le monde a entendu parler du karma. Certains pensent qu'il serait lié à notre destin, d'autres réfutent cette idée car elle conduirait à une croyance en l'au-delà. Le mot *karma* signifie en sanskrit « action ». Qu'on le veuille ou non, toute action a une conséquence. Le simple fait de dire « bonjour » a pour conséquence que la personne à laquelle le bonjour s'adresse réagira d'une manière ou d'une autre. Comme nous sommes tous liés comme dans un immense logiciel cosmique, quoi que nous fassions, nos actions auront toujours des conséquences et déclencheront de nouvelles actions.

On pourrait concevoir le karma comme un traitement de texte très subtil, sans faute de frappe, dans lequel tout mot serait toujours à sa place. Seulement, la plupart du temps, nous n'avons pas une vision globale des événements et nous pouvons penser que les choses qui nous arrivent ou celles qui atteignent nos proches sont injustes, que l'univers commet des erreurs. En réalité, tout ce que nous vivons aujourd'hui n'est que le bourgeonnement des graines semées dans le passé, seulement nous ne savons pas vraiment quand a eu lieu la plantation : était-ce il y a un an ou dix incarnations auparavant ? La psychologie « védique » explique que le karma se trouve dans notre mental sous forme de *samskaras*. Issu du sanskrit, *samskara* signifie « trace » ou « empreinte ». Autrement dit, notre conscience garde une empreinte ou une mémoire émotionnelle de tout ce qui s'est passé dans notre vie dans les moindres détails : nos actions, nos réactions, nos pensées et nos paroles. Une partie de cette mémoire reste à la surface consciente, une autre atteint les fonds de l'inconscient. Et ces deux niveaux, comme Jung nous l'enseigne, nous influencent, chacun à leur manière.

Chaque jour, tu vis de petits et grands moments émotionnels qui laissent en toi des petites et des grandes traces sur ton mental. Ces fameux samskaras se superposent les uns aux autres et construisent ton caractère. C'est en fonction de celui-ci que tu fais tes choix mais aussi que tu attires des situations et des personnes dans ta vie.

**Intention héroïque :**
« J'affirme jour après jour mon intention héroïque. »

## **Action :** Effacer le *bad* karma du héros

Aujourd'hui, tu vas mettre tes pas dans les empreintes de ton héros, c'est-à-dire dans ses samskaras qui le poussent à reproduire les mêmes comportements ou engendrent les mêmes sensations et sentiments. Ils se sont imprimés durant son adolescence, son enfance, sa vie fœtale, ou même lors de ses vies passées. Si tu sens que ton héros a encore du mal à dépasser consciemment certains comportements, je vais te transmettre une technique qui l'aidera à exécuter ses changements à un profond niveau de conscience. Elle consiste à écrire une affirmation qui va détruire le samskara négatif et mettra à la place une nouvelle et belle intention. Par exemple, si ton héros a le sentiment de ne pas être aimé, son affirmation positive sera : « L'amour vient à moi et à travers moi aux autres. » Pour cela, tu devras écrire durant 40 jours consécutifs l'affirmation dans ton carnet. Tu l'écriras sans t'arrêter ni détourner les yeux du papier au moins 30 fois. Ah ! je t'entends déjà dire que cet exercice te rappelle les punitions que l'on t'a données à l'école. Pas faux ! Sauf que lorsque ton maître te faisait écrire 20 fois « Je ne ferai plus de fautes d'orthographe », il aurait dû te demander d'écrire « J'excelle en orthographe ». 40 jours pour apprendre à gommer toute trace de samskaras qui entravent encore la vie de ton héros. Allez, on efface tout !

J'écris 20 fois la même affirmation positive durant 40 jours.

## **Réflexion :** Ton jeu de l'oie

On y a tous joué au moins une fois dans sa vie. C'est un jeu de société comprenant 63 cases disposées en spirale et comportant un certain nombre de pièges. Le joueur qui arrive le premier à la dernière case a gagné. Tu l'as reconnu : il s'agit du jeu de l'oie. L'origine de ce jeu remonterait à l'Inde antique, et serait un symbole du samsara, la roue des naissances et des morts dans l'hindouisme, le but ultime étant d'atteindre le nirvana où le cycle des réincarnations prend fin. Le jeu de l'oie peut être comparé à la vie humaine avec ses aléas ; son tracé en forme de spirale rappelle le labyrinthe à parcourir pour arriver à la connaissance de soi ; les cases du pont, du puits, de la prison et de la mort sont autant de figures qui font référence à la mythologie ou à des symboles ayant leur correspondance ésotérique dans les arcanes du tarot. Le jeu de l'oie pourrait aussi évoquer le voyage du héros de Campbell. Il se fait le reflet de notre vie sur Terre. D'un point de vue symbolique, il est le chemin intérieur du pèlerin, un chemin en spirale conduisant vers l'épanouissement de la conscience. Malgré les épreuves, ce n'est pas une voie de pénitence mais d'expérience, de prospection et d'introspection. De case en case, on apprend à défricher, à se déchiffrer et à associer l'énergie du hasard à celle de sa propre quête.

**Intention héroïque :**

« J'intègre le chemin de ma vie. »

## **Action :** Quand le héros fait son oie

Oui, aujourd'hui, c'est à toi d'imaginer ton propre jeu de l'oie. Tu vas demander à ton héros de trouver une signification en rapport à son vécu avec chacune des 6 cases suivantes : le pont, l'hôtel, le puits, le labyrinthe, la prison, la mort. Que signifie la case pont pour lui : un passage dans sa vie, une transition ? Et pour celle de l'hôtel : un arrêt, un repos ? Une fois que tu auras trouvé une signification pour chacune des cases en rapport avec son ressenti et son vécu, rédige une courte histoire où il se retrouve face aux symboles des 6 cases. Que lui apprennent-elles ? Quels événements de sa vie lui rappellent-elles ? Atteindra-t-il la case de la victoire, c'est-à-dire le nirvana ? Fais avancer ton héros de case en case tel un pion. Il a le droit de choisir lui-même sa couleur.

Je trouve une signification en lien avec l'histoire de mon héros pour ces 6 cases :

* Le pont : ...
* L'hôtel : ...
* Le puits : ...
* Le labyrinthe : ...
* La prison : ...
* La mort : ...

Je rédige une courte histoire intégrant ces 6 passages.

## Réflexion :
## La paille dans l'œil de ton voisin

« Qu'as-tu à regarder la paille dans l'œil de ton frère ? Et la poutre qui est dans ton œil à toi, tu ne l'as pas remarquée ? » Chaque fois que nous critiquons ou jugeons, ce verset de l'Évangile selon Luc devrait surgir immédiatement à notre esprit. L'ego a son petit avis sur tout et tous. Le jugement est-il toujours négatif ? Non, nous remarquons aussi volontiers les qualités chez l'autre et lui faisons spontanément des compliments sincères. Mais qu'il soit positif ou négatif, lorsqu'il est systématique, le jugement nous renvoie toujours à une vulnérabilité émotionnelle, à une blessure affective ou narcissique. Si nous n'avions jamais été soumis au jugement, nous ne jugerions ni autrui ni nous-mêmes. Nous avons tous tendance à coller des étiquettes. Le fait d'émettre des critiques – drôles, de préférence – semble faire partie des échanges ordinaires. Les réseaux sociaux nous incitent à cultiver nos « j'aime » et « j'aime pas ». Ce mode de communication n'est pas anodin, il masque parfois le désir de se rassurer soi-même. Plus je juge autrui, plus je doute de ma valeur. Si l'on envisage notre jugement comme notre part d'ombre, de souffrance, de fragilité, il cesse alors d'être mauvais et il nous invite à voir la paille intérieure qui nous fait pleurer.

Avec les exercices des précédentes étapes, tu as appris à ouvrir l'œil sur toi-même. Cependant, il se peut que tu remarques encore des branches ou autre fétu de paille flottant à la surface des eaux tumultueuses. C'est le signal pour toi de faire silence, le moment de tourner sept fois ta langue dans ta bouche et de plonger au fond de toi pour repêcher les vieilles écorces de ta vulnérabilité ou de ton manque de confiance.

## **Intention héroïque :**
## « J'évite toute critique. »

## **Action :**
## Un héros aux yeux grands ouverts

Aujourd'hui, je t'invite à garder les yeux grands ouverts. Comme tu l'as déjà fait dans l'exercice 2 de l'étape 7, tu vas prendre ton carnet avec toi et être attentif à l'ego de ton héros. Chaque fois que tu sentiras en lui l'envie d'émettre une critique ou un jugement sur quelqu'un, empêche-le de s'exprimer oralement mais ouvre ton carnet dans le silence en tournant sept fois ta langue et note sa critique. Une fois que tu l'auras rédigée, demande-toi ce qu'elle soulève en lui : une blessure de l'enfance, de vieilles rancœurs, de la tristesse, de la jalousie ? Ouvre grands les yeux et laisse entrer la lumière pour dissiper les ombres de la caverne de ton héros. Aiguise ton sens critique de la critique et du jugement. Tu y verras plus clair.

Au lieu de l'exprimer oralement, je note chaque critique qui me vient à l'esprit.

..........................................................................................

..........................................................................................

J'essaie de comprendre la raison de chaque critique émise.

## **Réflexion :** Ta thérapie musicale

C'est bien connu, la musique adoucit les mœurs. La plupart des cultures anciennes recouraient au son pour ses propriétés apaisantes et méditatives. Les Égyptiens comme les Grecs utilisaient des instruments de musique comme rituels curatifs. En Australie, les Aborigènes pratiquent toujours le *yidaki* (didjeridoo), ce long instrument destiné à guérir les douleurs physiques et mentales. La musicothérapie est désormais reconnue par de nombreux scientifiques, et les effets bénéfiques de la musique mis en évidence. Certaines recherches indiquent qu'une musique proche d'un rythme de 60 battements par minute aide le cerveau à générer des ondes alpha, lesquelles sont caractéristiques d'un état de détente profond. Les chercheurs de l'Université de Stanford ont déclaré : « Écouter de la musique change le fonctionnement du cerveau dans la même mesure que les médicaments. C'est un moyen facile et accessible pour réduire son stress naturellement. » Les musiques traditionnelles – amérindiennes, celtes, zen, bouddhiques – sont ainsi très efficaces pour se détendre l'esprit. La musique classique a des effets particulièrement efficaces sur l'insomnie. Selon Hervé Platel, neuropsychologue, la musique capte facilement notre attention : dès qu'il y en a près de nous, notre cerveau se synchronise naturellement. En écouter régulièrement augmente l'attention et améliore les fonctions défaillantes de la mémoire.

Non seulement la musique adoucit les mœurs, mais elle peut faire aussi des miracles. Comme la madeleine provoquait un lointain souvenir d'enfance à Marcel Proust, la musique joue, elle aussi, sa partition dans ta mémoire. Un air musical ou une chanson sont souvent associés à une période de ta vie.

## Intention héroïque :
« Je savoure ma vie en musique. »

## Action :
La madeleine musicale du héros

Aujourd'hui, j'aimerais que tu demandes à ton héros de se remémorer son premier émoi musical. Quelle est la musique qui l'a tant marqué quand il l'a entendue pour la première fois dans sa vie : était-ce une berceuse, un air de musique classique, une chanson de variété ? Une fois que ton héros se sera rappelé les notes de cet air du passé, essaie de le retrouver sur Internet. Il y a de fortes chances que tu tombes aisément sur un enregistrement du titre en question. Écoute le morceau plusieurs fois et laisse surgir en toi les images et les sensations, comme Proust avec sa madeleine. Ouvre ton carnet et couche par écrit tous les souvenirs de ton héros associés à cette musique. Ce sera sa madeleine musicale, à déguster sans modération. Tu as le droit de composer ta petite musique de mots dans ta baignoire ou dans ton lit, si tu préfères, comme le faisait Marcel Proust.

J'écoute l'air ou la chanson qui m'a mis dans un émoi musical pour la première fois de ma vie. Je note tous les souvenirs liés à cette musique : « Chaque fois que mon héros entend cette musique, elle lui rappelle… »

# ÉTAPE 11.
# RENAISSANCE ET DÉBUT D'UNE NOUVELLE VIE

Le héros est maintenant revenu du monde extraordinaire dans lequel il s'est aventuré et où il a vécu des expériences qui l'ont profondément transformé. Il possède désormais une tout autre vision de l'ancien « monde ordinaire » qui ne l'effraie plus. Il commence, enfin, à vivre une vie plus stimulante et abondante. Les possibilités de réalisation s'élargissent. Il est éclairé sur les réalités de la vie. Devenu créateur, il peut désormais offrir à ses semblables son expérience sous la forme que lui dicte son cœur.

Avec les exercices de l'étape 11, tu te laisseras désormais guider par l'amour qui est l'intelligence du cœur. Tu deviendras totalement conscient d'être cocréateur de ta vie. Tu peux retranscrire ton expérience, offrir ton trésor au monde extérieur, faire partager aux autres l'histoire de ta vie.

*Avant de te lancer dans cette nouvelle étape, relis ce que tu as rédigé au cours des exercices de l'étape 10.*

## **Réflexion :** Quand l'amour t'éclaire

« Il est dans l'âme une puissance qui n'est ni touchée par le temps, ni par la chair, qui émane de l'esprit et reste dans l'esprit et est absolument spirituelle. Dans cette puissance, Dieu se trouve totalement, il y verdoie et fleurit dans toute la joie et toute la gloire qu'Il est en lui-même. Cette joie est tellement du cœur, elle est d'une grandeur si inconcevable, que nul ne saurait l'exprimer pleinement avec des mots. »

Ressentir cette joie du cœur dont parlait maître Eckhart, un théologien dominicain du XIVe siècle, dans *Traités et Sermons*, toucher du doigt cette joie indicible qui émane de l'âme, c'est faire l'expérience du divin que la vie offre à chaque être humain. Toutefois « ouvrir son cœur » n'est pas toujours facile, surtout après une longue période de fermeture et de protection inconsciente mises en place pour se protéger de sa propre souffrance. Il est alors nécessaire d'être patient et bienveillant envers soi. Peu à peu, l'amour se glisse comme la lumière à travers notre coquille fêlée, notre armure fendue. Il nous éclaire et nous purifie jusqu'à ce que nous soyons prêts à accueillir la Vie. Accepte que l'amour œuvre à travers toi et qu'il t'utilise aussi souvent qu'il le souhaite pour atteindre ceux qui t'entourent.

## **Intention héroïque :**

« J'écris les paroles que mon cœur me souffle. »

## **Action :** Les paroles éclairées du héros

Aujourd'hui, pour le début de cette nouvelle étape, je propose de préparer ton héros à recevoir la lumière de la vie. Au cours des précédents exercices, sa coquille s'est peu à peu fêlée : la lumière peut alors entrer dans sa nouvelle vie. Ton héros est devenu un être éclairé, son cœur s'ouvre jour après jour. Pour ce nouvel exercice, tu vas prendre ton carnet, l'ouvrir à une page vierge, puis fermer les yeux comme si tu te trouvais dans les ténèbres. Concentre-toi sur le mot *amour*, inspire-le au fond de toi et expire-le à l'extérieur de toi. Inspire et expire ainsi 7 fois de suite. Puis ouvre les yeux en disant tout haut « *Fiat lux* », qui signifie « Que la lumière soit » en latin, les premières paroles de Dieu lorsqu'Il crée la lumière au premier jour du monde. Prends alors ton stylo et écris 7 mots qui inspirent l'amour à ton héros. Puis compose avec eux un poème ou une chanson. Lis ce texte tout haut à ton héros, puis adresse-le (en vrai ou en pensée) à tous ceux que tu aimes et aussi à ceux que tu n'aimes plus ou qui ne t'aiment plus. Que tes paroles d'amour soient et éclairent la vie de ton héros ainsi que celle des autres.

J'écris 7 mots que l'amour inspire à mon héros. Je compose un poème ou une chanson à partir de ces 7 mots.

## ÉTAPE 11. EXERCICE 2

### **Réflexion :** Le cœur du sujet de ta vie

À parcourir chacune des étapes de *Deviens l'auteur.e de ta vie*, tu as compris que l'écriture t'a aidé à te remémorer ton passé, à mieux vivre l'instant présent, à imaginer ton futur, à faire le point sur toi-même, tes émotions, tes sentiments, à te libérer. Aujourd'hui, tu dois te sentir plus léger.

Tu pourrais penser qu'en faisant le bilan de ta vie, tu y mets un point final. Mais aussi étonnant que cela puisse paraître, c'est le contraire qui se produit : la sensation de renaître. Comme si l'écriture te remplissait d'une nouvelle énergie. Faire le bilan de ta vie, c'est faire le point sur le sujet qui te tient le plus à cœur. Si tu envisageais d'écrire un livre sur ta vie, il y aurait de nombreuses façons de procéder. Certains auteurs préfèrent faire un plan, d'autres se lancent sans savoir où ils vont et se laissent porter par les mots, les paragraphes, les chapitres et les pages. Mais avant tout, tu dois trouver le cœur du sujet, le sujet principal de ta vie, c'est-à-dire les prémices. Les prémices, selon le scénariste John Truby, c'est l'histoire formulée en une seule phrase même si tu n'as pas encore écrit toute l'histoire. Les prémices sont l'ADN de ton histoire, le lien entre le héros principal et l'intrigue. Les producteurs de film parlent de « pitch » : il comprend généralement l'événement déclencheur de l'action, une indication sur le personnage principal et sur le dénouement de l'histoire. Par exemple, pour *Star Wars* de George Lucas, le pitch du film est : « Alors qu'une princesse court un danger mortel, un jeune homme utilise ses talents de combattant pour la sauver et vaincre les forces maléfiques d'un empire galactique. »

## Intention héroïque :
## « Je connais parfaitement le sujet de l'histoire de ma vie. »

## Action :
## Le pitch de l'histoire de la vie du héros

Aujourd'hui, tu te demandes quel est le pitch de l'histoire de ta vie. Pose-toi d'abord ces trois questions :

– Quel événement dans ta vie a déclenché l'action de l'histoire de ton héros ?

– Quelle indication peux-tu donner sur toi (ton héros) ?

– Quelle indication peux-tu donner sur le dénouement des expériences que ton héros (toi) a vécues ?

Une fois que tu auras formulé ton pitch, prends-toi la tête dans les mains et formule le cœur du sujet qui bat derrière l'intrigue de l'histoire de ta vie. Est-ce la rédemption ? Le pardon ? La perte ? L'ambition ? Le mensonge ? La vengeance ? Rédige en une phrase le pitch de l'histoire de ton héros. Oui, en une phrase, tu as bien lu ! Puis trouve en un mot le cœur du sujet de l'histoire. En un seul mot.

J'écris le pitch de l'histoire de mon héros en une seule phrase : ...
Je définis en un seul mot le cœur du sujet de cette histoire : ...

## **Réflexion :** L'art de raconter ta vie

Beaucoup d'orateurs actuels utilisent pour leurs discours le *story telling*. Selon Adrien Rivierre, spécialiste de la prise de parole en public, cela consiste à mettre un propos sous la forme d'une histoire. Cet art du récit tire son efficacité de son pouvoir de séduction, grâce à une forme divertissante et la capacité de partager un message fort. Pour réussir une telle prise de parole, 5 principes clés sont nécessaires : une raison, un héros, un conflit, une structure, des émotions fortes.

Une histoire captivante nécessite d'avoir **une raison** d'être forte. La première question à se poser est de savoir pourquoi l'on souhaite raconter telle histoire. Cette raison amène alors à partager un seul message que l'audience devra retenir.

Toute histoire s'incarne à travers **un héros**. C'est lui qui permet à l'auditoire de s'identifier et de se mettre à sa place. Il est essentiel pour le conteur de comprendre ce que celui-ci veut. Une bonne histoire commence par un besoin non satisfait qui attise un désir et appelle à changer les choses. Des obstacles se dressent devant le héros, qui doit les surmonter.

Surgit alors **un conflit** entre la situation actuelle et la situation rêvée, qui met en lumière les enjeux de l'histoire. Plus ceux-ci seront importants, plus la tension et l'engagement émotionnel de l'audience seront forts. Le conflit explique les raisons pour lesquelles le héros se bat pour changer le cours des choses.

**La structure** d'une histoire répond à la question : Que souhaite-t-on que l'audience sache et à quel moment ? Sans structure, aucune histoire ne peut tenir debout. Pour cela, il est nécessaire de déterminer un fil conducteur. La plus simple des structures est celle en trois actes : désir, obstacle, résultats.

Enfin, tout récit fait vivre **des émotions fortes** à l'auditoire : la joie, la colère, la tristesse. Elles permettent de créer de la passion pour le but que poursuit le héros et pas simplement une adhésion de raison. La passion permet de se transcender, ce qui n'est jamais le cas avec la raison. L'histoire doit faire surgir ces émotions pour marquer les esprits : vivre quelque chose est plus exaltant que d'entendre un concept. C'est pourquoi toute histoire te permet de passer à l'action et à l'exercice qui suit.

## **Intention héroïque :**
## « Je raconte ma mission de vie avec passion et conviction. »

## **Action :** La bio du héros

Tu as sans doute reconnu dans les explications du *story telling* énoncées ci-dessus les grandes lignes du voyage du héros de Joseph Campbell. Aujourd'hui, tu vas exposer ta vie (ta bio) sous la forme d'un *story telling*. Oublie le curriculum vitae, qui se résume à la *check-list* ennuyeuse d'un parcours professionnel. Raconte plutôt ta vie avec passion. Raconte pour quelle **raison** ton **héros** a pris telle ou telle direction. À quel **conflit** a-t-il été confronté pour atteindre son rêve ? Raconte ton histoire en la structurant en trois parties (désir

– obstacle – résultat) et fais passer les **émotions** et toute la passion de ton héros. Écris ta vie sur une seule page que tu apprendras par cœur pour devenir un as du *story telling,* un formidable orateur.

J'écris les grandes lignes de l'histoire de mon héros en la structurant en trois parties :

* Désir
* Obstacle
* Résultat

## **Réflexion :** L'endroit du décor de ta vie

La description d'un lieu dans un roman aide le lecteur à plonger dans l'intrigue. Décrire un lieu, c'est recréer par les mots la magie d'un endroit et l'émotion qu'il procure ; c'est rendre non seulement compte de ce que voient le héros et les autres personnages de l'histoire, mais également de ce qu'ils ressentent ; c'est aussi décrire le temps qu'il fait, à quel moment de la journée se déroule l'action et en quelle saison. Fait-il un froid glacial ? Une chaleur suffocante ? Pleut-il à torrent ? Autant d'éléments qui mettent le lecteur dans l'ambiance et de le font entrer là où se déroule la scène. Pour bien présenter le décor, l'auteur doit d'abord s'en être imprégné lui-même. Pour pouvoir le retranscrire en mots, il ne doit pas hésiter à connaître tout de l'endroit choisi, s'intéresser à son histoire, à ce qui s'y est passé. Toutes les informations qu'il récoltera du « lieu-dit » seront autant de graines dans le terreau de son imagination qui vont germer au fil des pages grâce à la magie des mots.

L'histoire de la vie de ton héros commence toujours quelque part. Il ne suffit pas d'avoir une idée floue de l'endroit où se déroule l'histoire. Non, tu dois faire le point sur le décor comme l'objectif d'une caméra. Tout doit être clair et précis. C'est ce qu'on appelle « planter le décor ». Qu'il soit réel ou imaginaire, il fait autant partie de l'histoire que ton héros.

**Intention héroïque :**
« Je décris les décors de ma vie
et revisite les sensations qui y sont liées. »

## Action :
## Quand le héros entre dans le décor

Pour ce nouvel exercice, commence par dresser la liste des lieux et des décors où se déroule l'histoire de ta vie. Il se peut que l'action ne se passe que dans un seul endroit comme dans *Huis-Clos* de Jean-Paul Sartre ou, inversement, aux quatre coins du globe comme dans *Le Tour du monde en quatre-vingts jours* de Jules Verne. Une fois que tu auras fait le choix des lieux, place ton héros dedans et demande-lui comment il s'y sent. Aime-t-il être enfermé dans cet appartement ? Bercé dans cette chambre d'enfant ? Alité dans cette clinique ? Je suis sûr que tu vois déjà très bien comment il va évoluer dans chaque décor de sa vie.

Je dresse la liste des lieux où se déroule l'histoire de mon héros.
Je demande à mon héros comment il se sent dans chacun de ces endroits.

## **Réflexion :** Le titre de ton histoire

Trouver le titre d'un roman s'apparente beaucoup à donner un nom à un nouveau-né. Tel un géniteur, l'auteur peut dès la conception le trouver ou attendre des semaines, voire des mois, avant de s'en faire une idée. Le titre d'un roman n'est jamais anodin. C'est une étape importante qui signe l'identité du texte. Le titre permet non seulement d'identifier le roman, mais également de le rendre unique. Il a pour rôle aussi d'informer le lecteur à propos du contenu. Bien sûr, il ne permet pas de comprendre l'ensemble de l'histoire, mais il est la promesse de l'histoire et suscitera la curiosité du lecteur.

## **Intention héroïque :**
## « Je trouve un titre à l'histoire de ma vie. »

## **Action :** Le livre d'un héros bien titré

Peut-être qu'au cours des exercices de *Deviens l'auteur.e de ta vie*, le titre de l'histoire de la vie de ton héros t'a traversé l'esprit comme une fulgurance. Dans ce cas, va faire un tour sur Internet pour vérifier que ton titre n'a pas été déjà exploité par un autre géniteur de mots. Si ton titre utilise cet oxymore déniché dans les vers d'un poète obscur, vérifie qu'un autre petit malin ne l'a pas déjà utilisé. Si tu n'as toujours pas la moindre idée du titre que tu vas pouvoir donner à ton futur bébé, pas de panique : relis le contenu de tes prémices et le mot clé du cœur de ton sujet. Il se peut que cette phrase et ce mot te mettent sur la voie d'un titre en or qui t'apparaîtra comme par enchantement au moment où tu t'y attendras le moins. Tu sais lâcher prise maintenant. Ne t'en fais pas, ton héros est déjà à la recherche du titre de l'histoire de ta vie.

Je trouve un titre original à l'histoire de mon héros : ...

## **Réflexion :** Ton attirante jaquette

À l'instar du dicton « l'habit ne fait pas le moine », il arrive parfois que la couverture d'un livre soit plus séduisante que le récit lui-même. Toutefois, la couverture est bien la première chose sur laquelle l'œil du potentiel acheteur va se poser. La photo ou l'illustration qui y figure indique clairement le genre de ton histoire. Ton lecteur devinera d'emblée s'il a affaire à un thriller, une comédie romantique, dramatique, une aventure fantastique ou une œuvre de science-fiction. Certains poussent la porte d'une librairie sans avoir même prévu d'y faire un achat. C'est le cas d'environ 20 % des lecteurs, qui choisissent leurs livres sur le point de vente. Il y a aussi ceux qui viennent acheter un titre précis (23 %) mais qui, poussés par la passion littéraire, ressortent les bras chargés de livres dont la couverture leur ont tapé dans l'œil. Bien sûr, celle-ci n'est pas le seul vecteur d'achat, le titre donne aussi envie de parcourir le texte de la quatrième de couverture. Le lecteur entend alors battre son cœur et se dirige aussitôt vers la caisse, rempli de l'espoir de vivre des heures inoubliables, avec sous le bras ce nouveau compagnon à la jolie jaquette. Car la rencontre avec la couverture d'un livre est toujours la promesse d'une histoire, parfois d'une belle histoire d'amour…

## Intention héroïque :
« Je visualise la couverture du livre de ma vie. »

## Action :
Quand le héros se fait la jaquette

Aujourd'hui, tu vas demander à ton héros d'imaginer la couverture de son histoire. À partir du tableau ci-dessous, tu vas d'abord sélectionner les mots que t'inspire l'histoire de ton héros.

| | | |
|---|---|---|
| **ROUGE** | Force<br>Passion<br>Puissance<br>Interdiction | Danger<br>Virilité<br>Courage<br>Action |
| **BLEU** | Paix<br>Vertu<br>Immatérialité<br>Méditation<br>Sagesse<br>Rêve | Confiance<br>Bonté<br>Calme<br>Sécurité<br>Foi<br>Féminité |
| **VERT** | Espérance<br>Nature<br>Immortalité<br>Repos<br>Foi | Jeunesse<br>Fécondité<br>Satisfaction<br>Calme |

| | | |
|---|---|---|
| **JAUNE** | Science<br>Conscience<br>Idéalisme<br>Action<br>Luminosité | Orgueil<br>Jalousie<br>Calme<br>Sécurité |
| **BLANC** | Pureté<br>Innocence<br>Chasteté | Richesse<br>Silence |
| **OR/ARGENT** | Immortalité<br>Richesse<br>Gloire (or) | Respect (argent)<br>Dignité (argent) |
| **ORANGÉ** | Énergie<br>Ambition<br>Enthousiasme | Imagination<br>Richesse<br>Honneur |
| **VIOLET** | Politesse<br>Jalousie<br>Mystère<br>Spiritualité<br>Mélancolie<br>Tristesse<br>Modestie | Religion<br>Inconscient<br>Secret<br>Ténèbres<br>Mort<br>Piété<br>Noblesse |
| **GRIS** | Sobriété<br>Tristesse<br>Modernisme | Peur<br>Monotonie |
| **NOIR** | Mort<br>Deuil<br>Nuit<br>Mystère<br>Monotonie<br>Tristesse | Détresse<br>Angoisse<br>Noblesse<br>Distinction<br>Élégance<br>Silence |

Une fois que tu as effectué ta sélection, choisis la/les couleur(s) rassemblant le plus de mots. Même si, en général, c'est le directeur artistique de la maison d'édition qui conçoit la couverture d'un livre, tu peux proposer, en tant qu'auteur de l'œuvre, quelques idées graphiques pour illustrer l'univers de ton héros. Pour cela, tu es autorisé à surfer sur Internet. Saisis les mots-clés que tu as cochés et ceux qui te sont venus à l'esprit, puis clique sur « images » dans la barre de recherche. Grâce à eux, des portes s'ouvriront comme par enchantement, des images te conduiront à d'autres qui refléteront parfaitement l'ambiance de l'histoire de ton héros.

Je trouve des idées graphiques pour illustrer la couverture de mon livre.

## **Réflexion :** Tes mots de la fin

Te voilà donc arrivé à la fin de ce voyage, prêt pour un nouveau départ, prêt à découvrir de nouveaux horizons. De nombreux auteurs ont parfois du mal à mettre un point final à leur récit. Que cela soit dans un roman ou dans la vie, le mot *fin* fait parfois peur. Auparavant, il est judicieux pour l'auteur.e que tu es devenu.e d'envisager le dénouement de ce voyage maintenant que tu as parcouru et exploré ce monde extraordinaire qu'est l'écriture, monde de tous les possibles, où tout se crée, prend forme, se transforme et se concrétise, monde où chaque pensée s'assemble, s'organise, se matérialise dans l'esprit…

Certains auteurs, comme John Irving, commencent par rédiger la phrase finale de leur nouveau roman. Connaître le dénouement du récit permet en effet à l'auteur de ne pas se perdre en cours d'écriture. Même si le fil de l'intrigue est embrouillé, celui qui en connaît le dénouement parviendra toujours plus facilement à démêler les ficelles de l'histoire qu'il raconte. Grâce au fil conducteur, tendu vers le dénouement final, il saura par où son héros doit passer pour sortir de ce labyrinthe. C'est aussi accompagner le lecteur de façon fluide, page après page, sans le perdre, vers le point final de l'histoire. Un bon dénouement brille par sa clarté jusqu'au dernier mot. Il met alors tous les éléments de ton récit en communion.

Je te remercie cher auteur de m'avoir laissé guider ta plume jusqu'à ce trésor qui brille au fond de ton cœur. Il contient les mots justes qui éclairent ta vie à chaque instant. Tu es libre, désormais, de voler de ta plume.

## **Intention héroïque :**
## « Je suis l'auteur.e de ma vie. »

## **Action :** Quand le héros touche à la fin

Pour cet exercice final, je vais te demander de m'expliquer en quelques lignes ce que tu as découvert principalement sur toi-même en faisant ce voyage du héros. Comment as-tu vécu ces expériences d'écriture au cours de ces étapes ? As-tu trouvé ta voie ? Une fin n'est jamais une fin en soi mais un nouveau départ, qui permet à ton héros de devenir éternel. En appliquant la méthode de John Irving, je te propose d'écrire la dernière phrase de l'histoire de ton héros et d'imaginer un nouveau départ, un nouveau voyage. Pour cela, allonge-toi et ferme les yeux. Imagine-toi au cœur d'un labyrinthe, il y fait sombre et tu ne vois rien. Au lieu d'avancer à tâtons, imagine une corde entre tes mains qui guide tes pas. Avance tranquillement jusqu'à ce que tu aperçoives une source de lumière comme à l'extrémité d'un tunnel. Rejoins ce point lumineux : c'est le point final de ton histoire avec les mots de la fin et le début d'une autre histoire. Imagine ton héros dans la lumière. Que fait-il ? Où est-il ? Quel est le décor autour de lui ? Que ressent-il ? Que dit-il ? Avec qui se tient-il ? Quel sera son nouveau voyage ? Ses prochaines étapes ? Laisse le fil de ton histoire te guider vers les mots de la fin et ce nouveau départ. Voilà, tu y es, tu as réussi : tu es devenu.e l'auteur.e de ta vie, et ton héros est éternel !

J'explique ce que j'ai découvert sur moi-même au cours du voyage de mon héros. ..............................

..............................................................................................................

..............................................................................................................

J'écris la phrase finale de son histoire et j'imagine un nouveau départ. ..............................................

..............................................................................................................

..............................................................................................................

Remerciements

Toute ma gratitude envers Lama Younès-Corm et Suyapa Hammje, guides et alliées sur le chemin de cet ouvrage, et envers Marie Garel qui a toujours accueilli l'auteur que je suis, dans un monde extraordinaire, un coin de paradis sous le soleil.

# BIBLIOGRAPHIE

Catherine Barry, *La Sérénité*, Éditions du Chêne, 2013

Laurent Beccaria, Sophie de Sivry, *L'Art et l'Écriture*, éd. Les Arènes, 1998

William Bridges, *Transitions de vie – Comment s'adapter aux tournants de notre existence*, InterÉditions, 2014

Joseph Campbell, *Le Héros aux mille et un visages*, éd. Oxus, 2010

Joseph Campbell, *Mythologie et épanouissement personnel*, éd. Oxus, 2011

Joseph Campbell, *Puissance du mythe*, éd. Oxus, 2009

Deepak Chopra, *Le Livre des secrets*, éd. Guy Trédaniel, 2005

Arnaud Desjardins, *Les Formules de Swâmi Prajnânpad*, éd. La Table Ronde, 2003

Maître Eckhart, *Traités et Sermons*, éd. Gallimard, 1988

Sigmund Freud, *Totem et Tabou*, éd. Payot, 2004

Stephen Gilligan, Robert Dilts, *Le Voyage du héros, un éveil à soi-même*, InterÉditions, 2011

Carl G. Jung, *La Dialectique du moi et de l'inconscient*, éd. Gallimard, coll. « Folio essais », 1986

Stephen King, *Écriture : mémoires d'un métier*, éd. Albin Michel, 2011

Carol S. Pearson, *Le Héros intérieur*, éd. de Mortagne, 1992

Platon, *La République*, éd. Gallimard, 1992

Rimbaud, *Les Illuminations*, éd. Gallimard, 1999

Adrien Rivierre, *Prendre la parole pour marquer les esprits,* éd. Marabout, 2018

John Truby, *L'Anatomie du scénario*, éd. Michel Lafon, 2017
Patrice Van Eersel, *La Source noire*, éd. Grasset, 1986
Christopher Vogler, *Le Guide du scénariste*, éd. Dixit, 2013
Bernard Werber, *Les Thanatonautes*, éd. Albin Michel, 2011
Virginia Woolf, *Mrs Dalloway*, éd. Gallimard, coll. « Folio », 2006
Marguerite Yourcenar, Mémoires d'Hadrien, éd. Gallimard, 1977

## Articles de journaux, magazines et blogs

Decca Aitkenhead, « J.K. Rowling », *The Guardian*, octobre 2012
Christophe André, « Prendre du recul face à sa propre colère », *Psychoactif*, Blogspot.com
Didier Jacob, « La leçon d'écriture de John Irving », *L'Obs,* septembre 2006
Annie Murphy Paul, « Your brain on fiction », *New York Times*, mars 2017
Noémie Schetrit, « Les bienfaits de l'ennui », *Néon Magazine*, septembre 2014

# TABLE DES MATIÈRES

## ÉTAPE 3.
## Le refus de l'appel



## ÉTAPE 4.
## Rencontre avec le mentor



## ÉTAPE 5.
## Le premier seuil de l'aventure

## ÉTAPE 6.
## Les épreuves, rencontre des alliés et des ennemis



## ÉTAPE 7.
## Accès à la caverne ou la traversée des illusions

## ÉTAPE 8.
## L'épreuve ultime : le héros s'engage dans sa nouvelle vie



## ÉTAPE 9.
## Acquisition de l'objet de la quête : le héros réalise son projet



## ÉTAPE 10.
## Le chemin du retour vers le monde ordinaire

MIXTE
Issu de sources responsables
FSC® C003309

Direction : Jean-Louis Hocq
Direction éditoriale : Suyapa Hammje
Édition : Lama Younès-Corm
Conception maquette intérieure : Léna Piroux
Composition : Nord Compo
Conception et réalisation de couverture : Nicolò Giacomin
Fabrication : Kévin Magar



ISBN : 978-2-263-15343-3
Code éditeur : S15343
Dépôt légal : septembre 2018

Solar, un département **Edi8**